김진홍 칼럼

I부 대한민국의 새 역사를 만들기 위한 메시지!

II부 미국에서 교회 개혁과 회복을 외치다!

KIM JINHONG COLUMN

김진홍 칼럼

I부 대한민국의 새 역사를 만들기 위한 메시지! II부 미국에서 교회 개혁과 회복을 외치다!

imoon
communication

차례
Contents

부

대한민국의 새 역사를 만들기 위한 김진홍 목사의 메시지!

크리스천의 사명
1. 걸림돌이 디딤돌로 변하는 역사 _11
2. 한국교회 교인들이 잘 모르는 것 3가지 _20
3. 불씨가 됩시다 _26
4. 최고 지도자의 조건 _31
5. 기독교적 가치관 _40

크리스천의 5대 확신
6. 구원의 확신 _51
7. 임마누엘의 확신 _55
8. 속죄의 확신 _58
9. 기도응답의 확신 _63
10. 천국소망의 확신 _66
11. 세상을 변화시킬 수 있다는 확신 _70

김진홍 칼럼
KIM JINHONG COLUMN

김진홍 목사,
미국에서 교회 개혁과 회복을 외치다!

교회의 사명
12. 여호와를 하나님으로 삼은 나라 _79
13. 회복과 부흥의 길 _105
14. 새벽을 깨우는 신앙 _110
15. 목민 신학 _131
16. 한강의 기적에서 한반도의 기적으로 _155
17. 감옥에서 배운 진짜 교회_172

창세기에서 계시록까지(신약)
18. 신약성경개요1 마태복음~고린도후서_191
19. 신약성경개요2 갈라디아서~빌립보서 _208
20. 신약성경개요3 골로새서~디모데후서_223
21. 신약성경개요4 디도서~요한계시록_240

글을 시작하며

나는 책 읽기와 글 쓰기가 습관이 되어 있습니다. 아마도 어머니의 영향인 듯 싶습니다. 어린 시절 어머니께서는 형제들이 잡담으로 시간을 보내거나 화투 놀이 같은 잡기로 시간을 보내면 심하게 꾸중하셨습니다.

왜 소중한 시간을, 책을 읽거나 글을 쓰면서 자신을 길러야지 그렇게 헛된 시간을 보내느냐고 호되게 꾸중하셨습니다. 그래서 습관화된 책 읽기와 글 쓰기가 몸에 베어 있습니다.

이번에 최근 들어 쓴 글들을 모아 "김진홍 칼럼"으로 출간하게 되었습니다. 방경석 동지가 밤잠을 줄이며 자료를 알뜰히 모으고 정성스럽게 편집하여 책으로 나오게 되었습니다. 방경석 동지의 수고가 없었더라면 이 책이 나올 수 없었을 것입니다. 그가 내 책을 만들어 세상에 내놓으려는 열정은 정말 대단합니다.

이번에 나오는 책의 목차 중에 첫 번째 글이 '걸림돌이 디딤돌로'라는 제목의 글입니다. 나는 84년 동안 살아오며 숱한 걸림돌에 부딪혀 앞으로 나갈 수도 없고 뒤로 물러날 수도 없는 처지에 이른 적이 있습니다. 그럴 때마다 마음속으로 다짐한 생각이 있었습니다. '한 번 사는 내 인생, 지금의 걸림돌에 무너지지 말자. 걸림돌을 디딤돌로 삼아 전진하자'는 다짐이었습니다

그런 다짐과 도전이 지금의 나를 이루었고 두레 운동을 이끌어 왔습니다. 지금도 나 개인적으로나 국가적으로 심한 걸림돌에 막혀 있습니다. 다시 한번 돌파하지 못하면 모든 것이 무너질 수도 있습니다. 그래서 용기를 냅니다.

'다시 한번 너 일어서사. 걸림돌을 디딤돌로 심아 더 높은 경지로 오르자.'

이 책을 읽으시는 독자분들께서도 인생길을 가로막는 걸림돌에 부딪히게 될 때 그 자리가 더 밝은 미래로 나아가는 디딤돌이 될 수 있기를 바랍니다.

2025. 5. 20
두레마을 김진홍

I부
대한민국의
새 역사를 만들기 위한
김진홍 목사의 메시지!

크리스천의 사명

인생길을 마치고 잠들기 전에 꼭 지켜야 할 약속이 있습니다. 하나님과 나 사이에 맺어진 약속이 있습니다. 우리가 어쩌다가 이 세상에 온 게 아니라 하나님과 우리 사이에 뭔가 약속이 있어서 온 것입니다. 그 약속을 잘 지키다가 천국으로 오라고 하십니다.

1. 걸림돌이 디딤돌로 변하는 역사
2. 한국교회 교인들이 잘 모르는 것 3가지
3. 불씨가 됩시다
4. 최고 지도자의 조건
5. 기독교적 가치관

1
걸림돌이 디딤돌로 변하는 역사

그러므로 너희 담대함을 버리지 말라 이것이 큰 상을 얻게 하느니라 (히브리서 10장 35절)

성경 히브리서는 모두 13장으로 이루어져 있는데 13장 속에 신약과 구약이 간추려서 정리되어 있기 때문에 '간추린 성경'이라고 부르기도 합니다. 히브리서는 위대한 복음입니다.

히브리서 10장 35절은 "그러므로"라는 말로 시작합니다. 이 말의 의미를 내가 여러번 강조하였습니다. '그러므로'가 영어로 therefore 인데 어떤 성경학자가 지적하기를 기독교는 그러므로의 신앙이라고 했습니다.

"그러므로" 앞에 복음의 핵심, 복음의 팩트가 나옵니다.
 "예수님이 이 땅에 오셔서 고난당하시고 죽으시고 부활하셨습니다. 그러므로 우리는 이렇게 살아야 합니다."

"그러므로" 뒤에 우리의 삶의 실천이 이어집니다.
 "그러므로 너희 담대함을 버리지 말라 이것이 큰 상을 얻게 하느니라"

이때 담대함을 버리지 말라는 말씀은 하늘이 무너지고 땅이 꺼져도 그것을 붙들고 갈 수 있는 자기 확신, 그것을 버리지 말아라. 세상은 험하고 유혹과 시험, 핍박이 있을지라도 그것 붙들고 마지막까지 갈 수 있는 확신이 있어야 마지막에 상을 얻는다는 말씀입니다.

너희에게 인내가 필요함은 너희가 하나님의 뜻을 행한 후에 약속하신 것을 받기 위함이라(히브리서 10장 36절)

나는 이 말씀을 읽을 때마다 영적 감동을 느낍니다. 대단히 참 중요하고 깊이 있는 말씀입니다. 내가 어쩌다가 태어난 인생이 아니라 하나님께서 나를 세상에 보내신 이유가 반드시 있습니다. 하늘이 무너지고 땅이 꺼져도 반드시 붙들고 가야 할 확신이 우리 신앙인에게는 있습니다. 세상은 험하고 유혹과 핍박이 있어도 그것을 붙들고 마지막까지 갈 수 있는 확신이 있으면 승리할 수 있습니다.

그래서 인내가 필요합니다. 우리가 인생 순례길을 마치고 하나님 앞에 설 때에 하나님과 나 사이에 약속한 것에 대해 상을 받게 됩니다. 이 시간 가만히 자기 자신을 잘 돌아보시기를 바랍니다. 이것을 자기 성찰이라 합니다. 소크라테스가 "성찰하지 않는 인생은 살 만한 가치가 없다"고 하였습니다.

자기 성찰의 기준은 하나님과 나 사이에 맺어진 약속이 무엇인지 아는 것입니다. 내 마음속 깊이 간직하고 있는 약속이 있습니다. 이것을 내가 잘 감당하고 있는지 성찰해야 합니다. 하나님께서 주신 성경 말씀과 우리의 현실, 내가 있는 자리가 맞는지 살펴야 합니다.

내가 지금 예수를 제대로 믿고 있느냐? 믿는 척만 하고 있느냐? 점검해 보아야 합니다.

미국의 국민 시인이라 일컬어지는 로버트 프로스트가 지은 〈눈 내리는 저녁 숲가에 서서〉라는 시의 마지막 4연에 나오는 시구입니다.

"숲은 깊고 어둡고 아름다운데 내게는 지켜야 할 약속이 있다. 잠들기 전에 가야 할 먼 길이 있다. 잠들기 전에 가야 할 먼 길이 있다."

The woods are lovely, dark and deep. But I have promises to keep, And miles to go before I sleep, And miles to go before I sleep.

인생길을 마치고 잠들기 전에 꼭 지켜야 할 약속에 대해 노래합니다. 하나님과 나 사이에 맺어진 약속, 우리 교회와 하나님과 맺어진 약속이 있습니다. 우리가 어쩌다가 이 교회에 온 게 아니라 하나님과 우리 사이에 뭔가 약속이 있어서 온 것입니다. 그 약속을 잘 지키다가 천국으로 오라고 하십니다.

신앙인은 생각이 깊어야 합니다. 내가 가끔 목사님들의 설교를 듣거나 학생 시절에 부흥회에 가보면 "무조건 믿으시오. 무조건 믿으시오"라고 하면 무조건 "아멘 아멘" 하는데 이거는 영적이 아니고 성경적이 아닙니다. 나중에는 뭘 믿는지도 모릅니다. 무조건 믿다가 엉뚱한 데 따라가는 거지요. 신천지도 따라가고 뭐 통일교도 따라가고 합니다.

내가 가끔 우리가 그렇게 "아멘 아멘" 하는 거는 초상집에 가서 밤새 울고 나서 새벽에 "우리 누가 죽어서 울지?"라고 말하는 것과 마찬가지라고 합니다.

> 나의 의인은 믿음으로 말미암아 살리라 또한 뒤로 물러가면
> 내 마음이 그를 기뻐하지 아니하리라 하셨느니라
> (히브리서 10장 38절)

신앙인은 후퇴가 없습니다. 어떤 고난과 역경에도 전진이 있을 뿐입니다. 자꾸 돌아보고 주저앉거나 후퇴하는 사람을 하나님께서 기뻐하시지 않습니다. 하나님과 나 사이에 맺어진 약속을 지키기 위해 어떤 어려움과 유혹에도 전진하는 믿음을 가져야 합니다.

> 우리는 뒤로 물러가 멸망할 자가 아니요 오직 영혼을 구원함
> 에 이르는 믿음을 가진 자니라(히브리서 10장 39절)

그래서 이 39절 말씀이 결론입니다. 그런데 이 번역이 좀 애매합니다. 영어 성경에는 "우리는 뒤로 물러가 슬럼프에 빠질 자가 아니요"라고 합니다. 또 어떤 한글 번역에는 "자포 자기에 빠질 자가 아니

요"라고 합니다.

"에이 이런 세상 될 대로 돼 버려라."

이러면 절대 안 됩니다. 사노라면 시험이 있고 좌절이 있는데 슬럼프에 빠져서 그냥 주저앉는 것은 하나님과 나 사이에 맺어진 약속을 포기하는 것입니다.

우리는 뒤로 물러가서 슬럼프에 빠질 자가 아니다. 오직 영혼을 구원함에 이르는 믿음을 가진 자니라. 우리의 믿음은 하나님과 나 사이의 약속을 이루기 위해서 전진하고 전진하는, 구원에 이르는 확신을 가지고 나가는 것입니다.

그래서 예수님께서 우리에게 히브리서를 통해서 오늘도 주시는 말씀이 있습니다.

> 또 아들들에게 권하는 것 같이 너희에게 권면하신 말씀도 잊었도다 일렀으되 내 아들아 주의 징계하심을 경히 여기지 말며 그에게 꾸지람을 받을 때에 낙심하지 말라
> (히브리서 12장 5절)

"징계하심"에 줄을 칩시다. '징계'는 훈련을 말합니다. 훈련이란 영어로 두 단어가 있습니다. 신체 훈련, 기술 훈련training과 인간이 되게 하는 훈련discipline이 있습니다.

우리가 곁길로 나가고 하나님 뜻에 따르지 않을 때, 하나님의 꾸지람을 받고 징계discipline를 당하면 낙심하지 말고 회개해야 합니다.

하나님이 사랑하시기 때문에 책망하십니다. 아들과 같이 우리를 대하시는 겁니다.

마음에 새기시기 바랍니다. 시험이 오고 아픔이 오고 실패했을 때 자신을 깊이 성찰해야 합니다.

얼른 제자리로 돌아와야 합니다. 이것이 회개입니다. 우리가 곁길로 나가고 길을 잃어버리고 하나님의 뜻에 맞는 않는 짓을 하면 하나님이 책망하십니다. 성령이 우리를 책망하십니다. 성령께서 우리를 책망하실 때 돌이키고 순종하는 것이 회개입니다

"아~ 하나님께서 나를 사랑하셔서 책망하시는구나. 정신 차리라고 경고하시는구나!"

> 주께서 그 사랑하시는 자를 징계하시고 그가 받아들이시는 아들마다 채찍질하심이라 하였으니 너희가 참음은 징계를 받기 위함이라 하나님이 아들과 같이 너희를 대우하시나니 어찌 아버지가 징계하지 않는 아들이 있으리요 징계는 다 받는 것이거늘 너희에게 없으면 사생자요 친아들이 아니니라
> (히브리서 12장 6~8절)

하나님께서 사랑하기 때문에, 하나님이 인정하기 때문에 훈련하시고 채찍질하시고 꾸지람하시는 거지요.

나는 5살에 아버지와 헤어져서 그다음에 여섯 살 때 아버지가 일본에서 병사하셨어요. 도쿄에서 택시 운전하셨다는데, 아버지 얼굴

이 기억이 안 납니다. 아버지 없이 자란다는 건 참 그거 한쪽이 비는 겁니다. 아버지 어머니 밑에 평탄하게 자라야 균형이 맞는데 아버지 없이 자라면 뭔가 문제가 생길 수 있지요. 그래서 어머니가 우리 남매에게 "너 그러면 밖에 가서 애비 없는 자식이라는 소리 들어" 이런 말씀을 자주 하셨습니다.

훈련과 채찍과 꾸지람이 없으면 아버지 없는 자식이다. 친아들이 아니라는 말씀을 마음에 잘 새기기 바랍니다. 그래서 시험이 오고 아픔이 오고 실패가 있을 때 얼른 알아차려야 합니다.

> 그들은 잠시 자기의 뜻대로 우리를 징계하였거니와 오직 하나님은 우리의 유익을 위하여 그의 거룩하심에 참여하게 하시느니라 무릇 징계가 당시에는 즐거워 보이지 않고 슬퍼 보이나 후에 그로 말미암아 연단 받은 자들은 의와 평강의 열매를 맺느니라 그러므로 피곤한 손과 연약한 무릎을 일으켜 세우고 너희 발을 위하여 곧은 길을 만들어 저는 다리로 하여금 어그러지지 않고 고침을 받게 하라(히브리서 12장 10~13절)

하나님께서 우리를 징계하시고 훈련 시키는 것은 우리가 거룩함을 이루게 하심입니다. 성화입니다. 시련을 통해 거룩해지는 것입니다. 세상의 욕심을 줄이고 거룩함을 이루어 가는 것을 성화라고 합니다. 크리스천의 삶은 1년을 산 것보다 10년을 살면 성화가 더 깊어집니다. 날마다 인생 순례길을 가는 우리가 신앙인으로 살면서 성화를 이루게 하심입니다.

12절 말씀에 다시 "그러므로"가 나옵니다. 징계가 성화를 이루는 하나님의 사랑인 것을 알았으니 "그러므로"입니다. 이 말씀을 마음에 잘 새겨서 낙심할 일이 있고 시험이 있고 아픔이 있을지라도 하나님이 우리를 사랑하셔서 우리가 거룩함을 이루어, 하나님과의 약속을 이루는 아들로, 딸로 인도하신다는 깨달음이 있기를 바랍니다.

함석헌 선생이 쓴 글을 내가 좋아합니다. 함석헌 선생이 무슨 얘기를 하셨느냐면 "역사는 가끔 뒤로 돌아!"라고 한다고 했습니다.

100명이 한 줄을 서서 가지요. 그러면 1등에서 100등까지 정해지지 않습니까. 그런데 줄 서서 1등에서 100등까지 걸어가다가 하늘에서 호루라기 소리가 난다는 거예요. 하늘에서 호루라기를 확 불고 "뒤로 돌아!" 하면 꼴찌가 1등이 된다는 것입니다. 우리 시대가 그런 시대가 되고 있습니다.

하나님께서 사랑하셔서 우리에게 주신 고난이라고 깨닫고 하나님 뜻대로 살아가면 우리 삶을 가로막는 거침돌, 걸림돌이 디딤돌이 됩니다.

신앙인은 세상에 기죽지 말고 살아야 합니다. 긍지를 가지고 살아가야 합니다. 왜요?

그러나 너희는 택하신 족속이요 왕 같은 제사장들이요 거룩한 나라요 그의 소유가 된 백성이니 이는 너희를 어두운 데서 불러 내어 그의 기이한 빛에 들어가게 하신 이의 아름다운 덕을 선포하게 하려 하심이라(베드로전서 2장 9절)

약속된 말씀입니다. 놀라운 말씀이지요. 예수님께서 십자가에서 피 흘려 돌아가심으로 예수님 때문에 우리가 이 약속을 소유하게 되었으니, 뒤로 물러가지 말고, 긍지를 가지고 담대하게 앞으로 나아가기 바랍니다.

2
한국교회 교인들이 잘 모르는것 3가지

첫째, 한국교회 교인들은 복음의 능력을 잘 모릅니다.

> 내가 복음을 부끄러워하지 아니하노니 이 복음은 모든 믿는 자에게 구원을 주시는 하나님의 능력이 됨이라 먼저는 유대인에게요 그리고 헬라인에게로다(로마서 1장 16절)

복음은 능력能力, 힘power입니다. 복음에는 우리를 구원하는 능력이 있습니다. 우리를 천국 시민으로 만들어 줍니다. 옛날에는 미국 시민권이나 미국 여권이 대단한 힘이 있었습니다. 그런데 지금은 전 세계적으로 한국 여권이 힘이 있습니다. 세계 어디를 가도 환영받습니다. 그래서 여권을 소중히 잘 가지고 다녀야 합니다. 그걸 훔쳐서 아주 비싼 값으로 팔 수가 있기 때문에 조심해야 합니다.

우리는 세상 사람들과 신분이 다릅니다. 천국 시민권을 가진 사람들입니다. 천국 여권을 가지고 천국으로 바로 갈 수가 있습니다. 왜요? 복음을 받아들여서 천국 시민이 되었기 때문입니다.

또 복음은 병든 자를 고치고, 낙심한 자에게 용기를 주고, 역사를 바꿉니다. 복음의 능력을 믿어야 합니다. 그런데 우리가 교회에 다니면서 복음의 능력을 잘 모르고, 무슨 문제가 생기면 엎드려 기도하고, 주님의 은총을 구해야 하는데 애꿎게 전화통만 하루 종일 돌립니다. 사람을 의지합니다.

둘째, 한국 교회 교인들은 교회가 얼마나 중요한가를 잘 모릅니다.

교회는 하나님의 영이 머물러 역사하시는 하나님의 그릇입니다. 교회가 정말 소중합니다. 내가 목회 시작한 지가 벌써 50년이 넘었습니다. 50년 넘게 목회해 보니까 교회에 문제가 있어요. 잘 나갈 때는 "성가대, 오늘 내가 쏩니다." 그러고 나서 성가대원을 모두 데리고 나가서 잘 먹이고, 또 교회 헌금도 많이 하고, 박수받고 교회에서 높임 받습니다.

그런데 사업이라는 것이 마음대로 안 되잖아요. 잘 안될 때도 있고 부도가 날 때가 있습니다. 부도가 나서 어려워지면 그때가 교회가 제일 필요할 때이지요? 평생 교회를 섬기고, 헌금 내고, 받들었잖아요. 부도날 때 교회에서 위로해 주고, 중보기도 해 주고, 격려해 주고 해야 하는데, 부도가 나면 기가 죽어서 뒷자리에 늦게 들어와서 고개 숙이고 앉아 있다가 축도 마치기 전에 먼저 나가버립니다.

또 기도원에 가서 한 주, 두 주 있고 하다가 보면 차츰차츰 교인들에게서 사라지다가 두서너 달 뒤에 어디로 가버리는 거예요. 가장 필요할 때에는 교회의 도움을 못 받는다 이 말입니다. 교회라는 것은 뭐냔 말이에요.

실존철학자 중에 독일의 철학자 칼 야스퍼스라는 사람이 있습니다. 그 사람은 하나님을 믿는 철학자입니다. 그것을 유신론 철학자라고 합니다. 무신론 철학자는 니이체, 하이데크... 이런 사람들이고 키에르 케고르, 야스퍼스, 마르셀... 이런 사람들을 유신론 철학자라고 합니다.

야스퍼스가 아주 중요한 단어를 말했습니다. 실존적 교제, 그걸 전문 용어로 existential communion입니다. 실존적 교제는 세상의 어떤 이권, 어떤 거래, 어떤 보상이 없이 순수하게 영혼과 영혼의 교제입니다. 교회가 그래야 한다는 겁니다.

교회에 뭘 찾으러 옵니까? 교회에 무슨 수입이 있어요? 실존적 교제를 위해 온다는 것입니다. 순수하게 영혼과 영혼의 만남. 교회는 이권이 없잖습니까? 오히려 섬기고 봉사하고, 아무런 이권과 이해관계가 없는 순수한 영혼과 영혼의 만남이 있습니다.

그러면 거기서 뭐가 이루어지느냐? 그런 순수한 영적인 만남에서 역사가 일어나는데 그게 성령의 선물입니다.

우리가 보고 들은 바를 너희에게도 전함은 너희로 우리와 사귐이 있게 하려 함이니 우리의 사귐은 아버지와 그의 아들 예수 그리스도와 더불어 누림이라 우리가 이것을 씀은 우리의 기쁨이 충만하게 하려 함이라(요한1서 1장 3~4절)

그런 영적인 순수한 교제 속에서 기쁨이 충만하게 됩니다. 교회 다니시면서 기쁨이 충만하시기 바랍니다. 예배드리고 갈 때 몸이 가뿐해야지 찌뿌둥하고 마음에 안 들고 하면 갈등이 생기게 됩니다. 교회가 영적으로 살아있지 못하면 그런 일이 생기게 됩니다. 예수는 한 번 믿으면 졸업이 없이 평생 믿는 겁니다. 천국 갈 때까지 교회에 가야 하는데 교회가 찌뿌둥하고 마음에 안 들면 상처받고 가기도 싫고, 시험에 들게 됩니다.

셋째, 지금 한국 교회가 본질에서 얼마나 떠나 있는지를 모르는 것입니다. 각 교회가 덩치는 커지고, 숫자는 많아지고, 하는 사업은 많은데 본질에서 떠나 있습니다.

하나님이 우리를 사랑하시는 사랑을 우리가 알고 믿었노니 하나님은 사랑이시라 사랑 안에 거하는 자는 하나님 안에 거하고 하나님도 그의 안에 거하시느니라(요한1서 4징 16절)

성도의 본질, 교회의 본질은 사랑으로 세상을 섬기는 것입니다. 명예가 아니라, 이익이 아니라 사랑으로 입니다. 우리가 하나님에게 사랑을 받은 대로 세상에 내놓는 것입니다. 각계각층에서 정치가로, 사업가로, 농부로, 교사로 섬기는 디아코니아 역할을 하는 것입니다.

교회의 본질은 첫째 케리그마, 말씀입니다.
둘째 코이노니아, 사귐·교제입니다.

셋째 디아코니아, 봉사・섬김입니다.

그런데 이 봉사는 교회만을 섬기라는 것이 아닙니다. 물론 교회에서 봉사를 해야 하지만 교회에서 받은 은혜를 가지고 사회에서, 직장에서 마을에서 친척들 속에서 섬기고 봉사하므로 하나님께 영광 돌려야 합니다. 가게에 손님이 오면 예수님이 보내주신 손님이라고 생각하고 친절하게, 밝게, 격려해 주면 얼마나 좋습니까.

도산 안창호 선생이 살벌한 일제 시대에도 많은 명언을 남기고 존경을 받았습니다. 그 당시 우리 민족 각 사람이 상호 간에 질시하고 증오하며 살아가는 모습을 안타깝게 여겨 자신이 먼저 사랑과 미소를 공부하고 동지들에게도 사랑과 미소를 권면하였습니다. "훈훈한 마음에 빙그레 웃는 얼굴"이 도산 안창호 선생이 그리는 우리 민족 모두의 이상이었습니다.

도산 안창호 선생이 일본 경찰에 잡혀서 고문을 받는데, 아무리 고문을 해도 사람이 표정도 안 바뀌고, 고문하는 사람들한테 그렇게 공손한 거예요. 고문을 받으면서도 "선생님, 수고 하십니다." 하니까 손이 오그라드는 것입니다.

그래서 그 고문하던 일본 경찰이 나중에 안창호 선생에게 무릎을 꿇고 사과했습니다.

"선생님, 대인이십니다. 참 존경스럽습니다. 저 같은 일본 제국주의 사람으로서 선생님 같으신 분을 고문 해야 한다는 것이 비극입니다. 내 후손들이 이 재앙을 받게 될 것 같습니다."

참, 솔직한 사람이에요. 도산 안창호 선생은 그렇게 고문을 받다가 1938년, 해방을 몇 년 앞두고 고문 후유증으로 57세에 죽었습니다. 안창호 선생님은 진실한 크리스천입니다. 크리스천은 그런 마음이 있어야 합니다. 나라와 민족, 사회를 섬기는 삶을 우리가 열심히 살아갈 수 있기를 바랍니다.

우리 사회는 유난히 스트레스가 많은 사회입니다. 과도한 스트레스 탓에 모두 찌푸린 얼굴로 살아갑니다. 아침, 저녁에 지하철을 타 보면 한결같이 울적한 얼굴들입니다. 빙그레 웃는 얼굴 모습을 찾아보기 힘듭니다. 거창하게 생각할 것 없이 우리 크리스천들이 지하철에서, 사회에서, 가정에서, 교회에서 작정하고 밝은 모습으로, 훈훈한 마음으로 살기만 해도 한국교회를 바꾸는 일이 됩니다.

3
불씨가 됩시다

　미국의 존 F. 케네디 대통령이 40대 나이에 대통령으로 당선된 후 신문 기자들과 인터뷰 시간을 가졌습니다. 한 기자가 "존경하는 정치가가 누굽니까?" 하고 물었을 때 케네디 대통령이 "일본의 우에스기 요잔입니다"라고 답하였습니다. 그러나 미국의 기자들이 200여 년 전에 일본 요네자와 번에서 활약하였던 우에스기 요잔을 알 리 없었습니다.

　우에스기 요잔은 250여 년 전 일본의 북부 지방 요네자와 번에서 개혁 정치에 성공한 정치가입니다. 그때 요네자와 번은 지금의 북한처럼 국가 전체가 부도 직전에 있던 처지였습니다. 번의 백성들은 생활고를 견디지 못하여 탈번을 하고 부채는 감당할 수 없을 정도로 늘어나고 백성들은 호구지책이 없었습니다.

　그런 때에 요네자와 번의 통치자가 죽고 18세의 우에스기 요잔이 새로운 번주로 부임하였습니다. 그가 번주로 부임하던 시기가 추운 1월이었습니다. 가마를 타고 부임지로 가던 중에 그는 자기 앞에 놓인 불 꺼진 화로를 보았습니다. 싸늘하게 재만 남은 화로를 보면서 우에스기 요잔은 쇠잔하여 가는 요네자와 번에 번주로 부임하러 가는 자신의 신세와 비슷한 처지라 생각하였습니다. 그런 생각을 하면서 그가 자기 앞에 놓인 화로를 부젓가락으로 뒤적이다 밑바닥에 남아 있는 불씨를 발

견케 되었습니다. 마침, 화로 곁에 숯이 놓여 있었습니다. 숯을 불씨 위에 얹고 '후후'하고 바람을 일으키니 불씨가 살아나 숯에 번지게 되고 활활 타오르게 되었습니다. 그때 그에게 하나의 영감이 임하였습니다.

"내가 불씨가 되어야겠다. 낙담하여 있는 백성들에게 희망을 불러일으키는 불씨가 되어야겠다. 내가 앞장서서 희생하고 헌신하고 모범을 보이는 불씨가 되어야겠다."

번주가 숯불이 피어오르는 화로를 들고나와 자기의 결심을 신하들에게 말하였습니다. 번주의 이 말에 감동이 된 신하들은 눈물을 흘리며 하나로 뭉치게 되었습니다. 그리하고 개혁의 동지들이 되어 번을 재건케 되었습니다.

그의 성공한 개혁에는 3가지 요점이 있었습니다.

첫째는 최고 지도자 자신의 헌신과 희생과 실천입니다.
둘째는 낙심하고 있는 신하들과 백성들에게 "할 수 있다"는 확신을 심어준 점입니다.
셋째는 서로 믿고 살아가는 "신뢰 사회"를 세운 점입니다.
신뢰가 요네자와 번의 재산 1호가 되게 하였습니다.
넷째는 경제 건설을 우선순위로 삼아 경제를 일으킴에 전심전력을 다한 점입니다.

우에스기 요잔의 결단으로 시작된 개혁 운동이 20여 년 만에 가장 성공적인 성공 사례가 되었습니다. 250여 년 전에 요네자와 번에서 성공할 수 있었던 개혁 성공의 이야기는 오늘 우리에게도 교과서가 됩니다. 성공의 핵심은 2가지입니다.

첫째는 망가졌던 경제가 살아나 부채를 모두 갚고 번영하는 경제를 이루었습니다.
둘째는 상하 관민이 서로 믿고 살아가는 신뢰 사회를 건설하였습니다.

신뢰 사회가 이루어진 실례로 '요네자와 상거래商去來'란 용어가 생길 정도였습니다. 요네자와 상거래란 가게에 상품을 잔뜩 쌓아두고 물건 값을 적어서 팻말로 붙여두고는 주인은 다른 일로 출타를 합니다. 고객이 와서 주인이 없어도 자신이 필요한 물건을 골라서는 값을 함에 넣고 갑니다. 이런 신뢰 사회가 요네자와 상거래란 말로, 지금도 일본에서 사용되고 있습니다.

내가 불을 땅에 던지러 왔노니 이 불이 이미 붙었으면 내가 무엇을 원하리요(누가복음 12장 49절)

예수님께서 세상에 하늘의 불을 던지러 오셨다 하셨습니다. 세상에 속한 불이 아니라 하늘에 속한 불입니다. 그리고 예수께서 십자가에서 죽으시기 전에 7 마디 말을 남기셨습니다. "십자가상의 7언"이라 합니다. 7 마디 말씀 중에 "다 이루었다"는 말씀이 있습니다. 예수께서 세상에 던지신 불이 이미 붙었다는 말씀이 될 수 있겠습니다.

우리들 크리스천들은 예수님께서 던지신 불을 받아 살아가고 있는 사람들입니다. 예수께서 던지신 불이 "불씨"가 되어 우리들 마음속 깊은 곳에 자리 잡고 있습니다. 때로는 세상사에 시달리느라 그 불씨가 사그라들 때도 있습니다. 우리는 그 불씨를 살려 놔야 합니다. 예수께서 우리에게 심어 주신 불씨를 되살려 세상에 전하여야 합니다. 그것이 우리에게 주어진 사명입니다. 다시 한번 다짐합시다.

불씨가 됩시다.

지난 2천 년 교회사에는 그 시대 그 시대에 불씨가 되었던 선조들이 있습니다. 그들은 병들어 가는 시대에 하늘의 불씨가 되어 세상을 살리는 일에 쓰임 받곤 하였습니다. 베드로, 요한, 야고보를 위시한 12 사도들이 그러하였습니다. 그들은 초대교회에 교회가 시작되던 때에 각자가 불씨가 되어 자기 역할을 감당하였습니다.

16세기 종교 개혁 운동이 시작되기 100년 전에 체코의 프라하에서 삶의 불씨가 되었던 한 사람이 있습니다. 존 후스란 선각자입니다. 프라하 대학의 교수였던 그는 젊은이들에게 바른 신앙을 전하는 데에 목숨을 걸었습니다. 종교 개혁 운동의 기본 원리를 전함에 그는 피를 토하는 마음으로 전하였습니다. 가톨릭 사제들의 온갖 협박과 위협에도 아랑곳하지 아니하고 그는 부르짖었습니다.

드디어 그는 체포되어 일 년간의 극에 달하는 고문을 받다가 드디어 화형을 당하게 되었습니다. 장작더미를 쌓아두고 그 위에 긴 막대기에 그를 묶어 두고는 밑에서 불을 붙였습니다. 불길이 타올라 숨이 막혀 의식을 잃기 전 그는 사자후로 외쳤습니다.

> "지금 진리를 부르짖다가 화형으로 마치지만 100년 후에 다시 개혁자가 등장하여 개혁의 소리를 외칠 것이다. 그때는 어떤 방법으로도 개혁의 불길을 끄지 못할 것이다."

그렇게 외치고는 불길에 휩싸여 그는 숨을 거두었습니다. 그가 그렇게 불씨로 죽은 후 정확하게 100년 후 독일에서 마르틴 루터가 등장하였습니다. 마르틴 루터가 새로운 불씨가 되어 복음의 불길이 타오르게 하자 어떤 방법으로도 그 불을 끌 수 없었습니다. 100년 전 존 후스가 선포한 말 그대로 이루어졌습니다. 바로 위대한 프로테스탄트 교회의 출발입니다. 지금, 이 시대에도 새로운 불씨가 필요합니다. 우리들이 각자가 자기 자리에서 불씨가 되어 세상을 밝게 하여야 할 때입니다.

4
최고 지도자의 조건

동양에서는 최고 지도자가 갖추어야 할 조건을 적은 책을 제왕학 帝王學이라 불렀습니다. 제왕학의 으뜸 되는 책으로 당태종이 남긴 정관정요가 유명합니다. 고려의 태조 왕건이 남긴 훈요십조도 제왕학과 통하는 글입니다. 서양에서는 요즘 새로 뜨는 학문으로 대통령학이 있습니다. 대통령학이란 다른 말로 표현하자면 최고 지도자학이라 할 수 있을 것입니다.

미국에서 대통령학의 권위자가 대통령 혹은 최고 지도자가 갖추어야 할 덕목德目 5가지를 들었습니다.

첫째는 비전을 제시할 수 있는 능력입니다
둘째는 설득력입니다.
셋째는 도덕적, 이념적 일관성입니다.
넷째는 열정입니다.
다섯째는 바른 판단력과 과감한 실천력입니다.

첫 번째의 비전을 주는 지도자에 대하여 생각해 봅시다.

비전이란 무엇입니까? 구약성경 잠언 29장 18절에 이르기를 비전

없는 백성은 망한다고 했습니다. 그것이 없으면 백성들이 망하는 길로 나갑니다. 백성들이 망하는 길로 나가는 것을 막아 주는 것이 지도자의 역할입니다. 비전이란 백성들이 마땅히 나가야 할 미래의 목표를 보여 주는 것이 비전입니다.

한 나라의 대통령 같으면 국민 전체가 함께 바라보고 나가야 할 공통의 목표를 과감하게 밀고 나가야 합니다. 나라 경제도, 세계 경제도 어렵고 힘들지만 미래에 대한 확실한 비전을 보여 주면, 국민들이 단합하여 어려움을 극복하고 그 비전을 이루기 위해서 오대양육대주를 뛰어다니게 됩니다.

우리나라 지도자들의 치명적인 약점이 이 점입니다. 자꾸만 과거사에 매달려 아까운 세월과 에너지를 낭비합니다. 현재의 이권이나 지위에 안주하려 합니다. 자신들이 지금 누리고 있는 자리 지키기에 수단 방법을 가리지 않습니다. 이제는 변해야 합니다. 온 백성이 함께 바라보고 나갈 미래의 목표를 보여 주는 지도력이 등장하여야 할 때입니다.

그런 지도자와 지도력의 등장을 백성들이 갈망하고 있습니다. 모름지기 지도자라면 미래를 이야기하여야 합니다. 내가 선거를 앞두고 TV에 나와서 서로 비방만 하고 있는 것을 보고 후보자 한 사람에게 언급했습니다. TV에 나가서 서로 다른 사람 비방하는 얘기만 들으면 나는 마음이 슬프다. 그런 말만 하지 말고 우리 국민 전체가 같이 바라보고 나갈 목표, 위대한 코리아를 어떻게 건설하면 좋을지 그런 것을 얘기하자고 일러 준 적도 있습니다.

온 국민들이 함께 바라보고 나갈 신명 나는 미래를 제시하여야 합니다. 우리에게는 통일한국, 선진한국 건설이란 위대한 미래가 있습니다. 이 신성한 목표 성취에 국력을 집중하여야 합니다. 이것이 지도자가 갖추어야 할 첫 번째 조건입니다.

어느 분야에서든 지도자들이 갖추어야 할 5가지 조건들 중에서 두 번째 조건인 설득력說得力에 대하여 생각해 보겠습니다.

지금 우리가 살고 있는 세상은 민주주의 사회입니다. 민주주의일수록 상대에 대한 설득력이 중요합니다. 사회주의나 공산주의는 특정 정당이나 집단이 강제력을 사용하여 집행하는 경향이 있습니다. 그러나 민주주의 사회나 국가는 상대에 대하여 설득력에 의하여 따르게 합니다. 그래서 설득력이 약하면 좋은 정책을 실행하기 어렵게 됩니다.

설득력에 있어서 가장 중요한 요소는 대화입니다. 대화를 통하여 의사소통을 이루고 상대가 설득되어 기꺼이 따르게 됩니다. 그런 설득력을 배울 수 있는 첫걸음이 가정입니다. 가정에서 아버지가 아들을 설득하고 어머니가 딸을 설득하여 따르게 합니다. 그리고 부부 역시 설득에 의하여 행복과 평화를 유지할 수 있게 됩니다. 가정에서 설득력을 배우지 못하게 되면 사회생활에서나 인간관계에서나 장애를 일으키게 됩니다.

성경에서는 하나님께서도 우리에게 대화를 요청하시고 대화를 통하여 우리를 설득하려 하십니다. 구약성경 이사야서 1장 18절이 대표적인 말씀입니다.

> 여호와께서 말씀하시되 오라 우리가 서로 변론하자 너희의 죄가 주홍 같을지라도 눈과 같이 희어질 것이요 진홍 같이 붉을지라도 양털 같이 희게 되리라(이사야 1장 18절)

위의 말씀에서 변론하자는 말이 대화하자는 뜻입니다. 대화는 기적을 낳습니다. 대화는 사람과 사람 사이에 막힌 담을 헐어 주고, 설득력은 불가능을 가능케 할 수 있는 통로입니다. 예수님께서 제자들과의 사이에 실천하신 방식이 대화를 통한 설득이었습니다. 예수님의 대화와 설득에 의하여 제자들의 혼이 깨어나고 잠재되어 있었던 능력이 100% 발휘할 수 있게 되었습니다. 그러기에 지도자에게 설득력은 있어도 되고 없어도 되는 사항이 아니라 반드시 있어야 하는 필수 사항입니다.

윤석열 대통령이 탄핵당해 감옥에 있을 때 내가 감옥에서 성경을 읽으라고 성경을 보낸 일로 나중에 감옥에서 나온 후에 대통령 부부를 만났습니다. 내가 김건희 여사에게 "도대체 무당하고 가까이한다는 게 무슨 말이요 여사답지 않게"라고 말했더니 "아이고 목사님 우리 집이 3대째 기독교 가정입니다. 우리 할아버지가 황해도에서 신앙의 자유 찾아서 피난 와서 제가 삼대째입니다. 그런 건 다 유언비어입니다. 목사님도 그걸 믿습니까?"라고 해요.

"그러면 무당 공부해서 박사 받았다는 말이 뭔 말이에요?"

"목사님! 석사 과정은 서울대학 경영학과에서 받고요. 박사는 국민대학에서 디자인으로 받았습니다. 졸업 증명서 보여 드릴까요?"

그래서 내가 볼 건 없고 그걸 왜 국민들에게 잘 알리지 못 했느냐고 하고 말았습니다. 뭐든지 바로 알아야 하지 가짜 뉴스에 나라가 흔들흔들하면 안 되잖아요. 그래서 설득력이 있어야 합니다. 국민에게 잘 피알PR해야 합니다. 피알이 뭡니까? 피가 나도록 잘 알리는 게 피알입니다. 그걸 잘 못해 온 나라가 어지러우면 안 되지요.

우리나라는 이런 목표가 있고 이런 비전이 있다고 국민들에게 잘 설득해야 합니다. 설득에 실패하면 그 사람은 지도자로서 결격 사유가 있습니다.

세 번째의 일관성에 대하여 생각하겠습니다.

최고 지도자는 처음과 과정과 마무리에 있어 일관되게 처신하여야 합니다. 오늘 우리 사회와 국가 지도자들에게 결정적인 약점이 있습니다. 일관성이 없다는 점입니다. 여론에 따라, 상황에 따라 바꾸기를 밥 먹듯이 합니다. 그래서 국민들이 볼 때에 불안을 느끼게 합니다. 그래서 임기응변에는 능하지만, 일관성이 약하여 국민들의 신뢰를 받지 못합니다. 최고 지도자가 신뢰를 받지 못하게 되면 나라 전체가 흔들리게 됩니다.

그렇게 중요한 일관성은 어떻게 얻어집니까? 젊은 시절부터 일관성을 가꾸어야 합니다. 영성과 전문성을 길러 가면서 정신적 내공內功을 길러 나가야 합니다. 문제는 우리 사회가 가정과 교실에서 그런 일관성을 길러 주지를 못합니다. 일관성의 기본이 되는 EQ, 즉 감성을 길러 주어야 합니다.

우리 크리스천들은 그보다 급수가 높지요. 도덕적 일관성 위에 영적인 일관성, 도덕성 spiritual integrity이 있어야 합니다. 그리스도와 교회를 섬기는 마음에 있어서 손해 봐도 욕먹어도 실패해도 일관되게 거기에 인생을 투자하는 겁니다.

두레의 역사가 55년입니다. 내가 뭐 철학을 하다가 신학을 하니 경영도 모르고 인간관계도 미숙하고 뭐 내가 생각해도 한심할 때가 많습니다. 그런데 55년간 그래도 일관되게 지키는 게 있습니다.

내가 모세에게 말한 바와 같이 너희 발바닥으로 밟는 곳은 모두 내가 너희에게 주었노니(여호수아 1장 3절)

여호수아에게 약속하신 말씀입니다. 발바닥 정신입니다. 잘해도 오해받고, 욕먹고 실패해도 바닥을 지키는 것입니다. 내가 서른 살에 청계천 빈민촌에 들어가서 가난한 사람, 병든 사람들을 돕다 보니 가진 돈이 다 떨어져 교인들과 함께 굶다가 도저히 배고파서 설교도 못하겠어요. 교인들 얼굴이 밥그릇으로 보여요. 그래서 시작한 것이 넝마주이였습니다.

새벽기도 마치고 망태 메고 하루 종일 쓰레기통을 뒤져 비니루, 종이 주워 가지고 저녁때 이제 분류해서 넘기고 했는데 세월이 가면서 참 그때 내가 넝마주이로 시작한 것이 하나님의 은혜라고 생각합니다. 왜냐하면 넝마주이 근성이 있습니다. 실패하고 넘어져도 쓰레기통 옆에만 넘어져라. 넘어진 김에 쉬어간다고 다시 일어서서 쓰레기통 뒤지면 새로 일어설 수 있다는 근성이 있습니다. 그런 기질이 몸에 배니까 넘어지고 실패해도, 바닥으로 떨어져도 다시 일어설 수 있었습니다.

지도자의 조건 네 번째는 열정입니다.

지도자는 강력한 열정을 통해 공동체를 이끌고 변화를 만들어내야 합니다. 성경에서도 하나님이 사용하신 일꾼들은 열정을 가진 사람들이었습니다. 하나님의 열심을 본받아서 자기 맡은 일에 인생을 걸고 투자하는 그런 열정이 있어야 합니다.

독일의 헤겔이라는 철학자가 역사 철학이라는 불후의 명저를 썼습니다. 그 책 마지막 부분에 "내가 세계 역사를 쭉 살펴보니 어떤 시대나 그 시대를 이끌고 그 시대에 변화를 준 지도자들은 열정의 사람들이었다"고 썼습니다. 열정의 사람들이 그 시대를 이끌고 그 시대에 변화를 주고 그랬다는 것입니다. 최고 지도자는 하나님의 열심을 성령 안에서 온몸으로 받아서 자기 분야에서 탁월한 업적을 이루어 나가는 사람이어야 합니다.

그런데 크리스천들은 크리스천이 된다는 것 자체가 열정입니다. 그냥 하나님을 사랑하라 안 그러지요. 마음을 다하고 정성을 다하고 뜻을 다하고 목숨을 다하여 하나님을 사랑하라고 하셨습니다. 예수 믿는 것도 목숨 걸고 해야지 뭐 적당히 신앙생활 해시는 영적 진보가 없습니다.

크리스천들이 교회의 문화에 안주해 버리면 세상이 병들 때 고칠 수가 없습니다. 정치가 제구실 못 하고, 정당도 패거리 정치를 하고 있는데 그나마 세상에 변화를 줄 수 있는 건 교회입니다.

지도자가 시대적 사명을 감당하기 위해서 꼭 가져야 할 조건 다섯 번째는 바른 판단력과 과감한 실천입니다.

성경의 위대한 인물 중에 다니엘이 있습니다. 특별히 다니엘은 국가 최고 지도자의 위치에 올랐으니, 다니엘을 살피는 것이 아주 중요합니다. 성경 말씀에 지도자의 조건이 다 나옵니다. 그걸 모르니까 자꾸 문제가 생깁니다.

> 다니엘은 마음이 민첩하여 총리들과 고관들 위에 뛰어나므로 왕이 그를 세워 전국을 다스리게 하고자 한지라
> (다니엘 6장 3절)

'<u>마음이 민첩하여</u>'에 줄을 칩시다. 아주 중요한 단어입니다. '민첩

하다'라는 말은 두 가지를 합친 것입니다.

'정확한 판단력 + 과감한 실천력'

아무리 실천을 잘해도 판단이 정확하지 못하면 헛수고가 되고 오히려 폐를 끼치고 또 판단을 아무리 잘해도 실천을 못 하면 아무 소용 없는 일이 됩니다. 다니엘이 위대하게 된 것은 소년 시절부터 절제 생활을 잘해서 하나님의 특별한 지혜를 깨달아 정확한 판단과 과감한 실천력을 가진 민첩한 사람이 되었기 때문입니다.

최고 지도자는 더욱더 바르게 판단하고 그다음에 과감한 실천을 해서 이 나라가 바르게 나갈 수 있도록 이끌어야 합니다. 우리 국민들은 그러한 지도자를 우리 손으로 뽑을 수 있도록 잘 살펴야 합니다. 특별히 우리 성도들은 성경적인 기준에서 바른 신앙, 바른 가치관, 바르게 실천하는 사람들을 세워야 합니다.

5
기독교적 가치관

우리들이 기독교인으로 살아가면서 성경적 가치관을 확실히 하고 살아갈 필요가 있습니다. 크리스천이라고 하면서 세상적인 가치관으로 살아간다면 힘이 없는 크리스천이 됩니다. 성경적 가치관으로 무장하여 세상에서 승리하는 삶을 살아야 합니다.

> 모든 사람이 죄를 범하였으매 하나님의 영광에 이르지 못하더니(로마서 3장 23절)

첫 번째로 인간에 대해 확실히 알아야 합니다.

기독교적 인간관과 유교적인 인간관에는 차이가 있습니다. 동양적, 유학적인 인간관은 성선설입니다. 인간은 선하게 태어났는데 자라면서 이런 상처, 저런 상처를 받으면서 점점 악해지고 때가 묻게 된다. 이것이 성선설입니다. 그런데 성경적, 기독교적인 인간관은 성악설입니다. 인간은 나면서부터 악하다. 원죄를 말합니다. 에덴동산에서 아담으로부터 물려받은 죄의 본성이 인간 내면에 있습니다.

저는 기독교 가정에서 태어났지만, 대학에서 철학 공부를 하면서 기독교적인 인간관인 성악설에 대해서 불만이 있었습니다. 공자, 맹자, 순자로 이어지는 유학적인, 동양적인 인간관이 합당하지, 기독교 인간관은 인간 본성에 대한 왜곡된 견해를 가지고 있다고 생각했습니다. 아니 아기가 깨끗하게 태어났는데 뭔 죄가 있나? 젖 달라고 우는 것이 무슨 죄냐? 그런데 대학을 졸업하고 세상과 부딪치며 살면서 인간에 대한 이해를 하나씩 하게 되면서 기독교적 인간관, 성경적 인간관이 옳은 것이라고 체험을 통해서 알게 되었습니다.

너도 악하고, 나도 악하니까 죄인들끼리 만나서 사회를 유지하려면 법을 만들어 서로 법에 의존해서 법에서 정하는 대로 살고, 법에서 금하는 것은 하지 말고, 법을 가지고 통제를 하자고 해서 기독교 문화권에서 법치주의가 발전했습니다. 법치주의가 출발한 내력이 성경에 기초합니다. 그래서 서양 문화권에서 법치주의가 발전하고, 법을 지키고 살면서 서로 불편한 것을 줄였습니다.

그런데 동양적, 유학적인 성선설은 굉장히 듣기는 좋은데 문제가 생깁니다. 의견이 부딪칠 때 나는 선한데 저놈이 나쁘다. 그래서 선인이 악한 자를 없애 버리려 합니다. 타협이 안 됩니다. 그래서 공존이 안 되는 거지요. 그걸 제로섬 게임이라고 합니다. 이것이 성선설이 가지는 함정입니다.

두 번째 역사에 대해 바르게 이해해야 합니다.

성경적인 역사관은 섭리 사관입니다. 섭리 사관이란 하나님의 섭리攝理가 역사를 이끌어 간다는 사관입니다. 역사를 해석하는 관점을 사관史觀이라 하는 데 일반적인 관점에서 사관에는 양대 축이 있습니다. 원형 사관 혹은 순환 사관과 직선 사관 혹은 전진 사관입니다.

원형 사관은 역사는 일정한 법칙에 따라 빙글빙글 돌아간다는 관점입니다. 힌두교, 불교, 그리고 중국의 음양오행실 등이 대표석인 경우입니다. 순환 사관이라고도 하는데 시작도 없고 끝도 없이 계속 도는 것입니다.

그래서 힌두교, 불교에서는 그걸 어떻게 적용했느냐 하면, 다음 생에는 다른 신분, 다른 종으로 태어난다는 것입니다. 전생에서는 강아지로 살았는데, 이 강아지가 집 잘 지키고 주인의 마음에 들면 다음 생에서는 사람으로 태어난다는 것입니다. 윤회사상입니다. 인도는 지금도 굶어 죽는 사람이 많습니다. 그런데 굶어 죽는 사람들이 전부 웃으면서 죽습니다. 왜냐? 죽을 때 편안하고 착하게 죽으면 부잣집 아들로 다시 태어난다고 생각하면서 죽으니까 웃는 거예요.

어느 권사님이 사석에서 나에게 "목사님은 전생에 무엇이었을까요?" 하고 물었습니다. 내가 전생에 어느 나라의 왕자였을까 아니면 개나 원숭이 같은 짐승이었을까를 묻는 질문입니다. 내가 웃으며 답해 드렸습니다.

"권사님, 그렇게 생각하는 것은 성경적이 아닙니다. 인도의 힌두교나 중국의 음양오행설 같은 이방 사상입니다. 우리는 창조주 하나님께서 어떤 사명을 감당하다 천국으로 오라고 창조하신 하나님의 자녀들입니다"

생각 외로 많은 성도들이 윤회설 같은 생각에 머물러 있습니다.

기독교의 역사관은 전진 사관 혹은 직선 사관입니다. 직선 사관은 전진입니다. 앞을 향해서 나아가는데, 목표가 하나님의 나라입니다. 새 하늘과 새 땅, 영원한 하나님의 나라를 향해서 우리는 전진하는 겁니다. 창조_{창세기}에서 재림_{요한계시록} 사이가 성경의 역사이고 인간의 역사입니다. 하나님 나라를 향하여 마음을 다하고 신명을 다하여 전진하기에 역사가 발전하게 됩니다.

그래서 기독교 국가들이 선진국으로 올라서는 이유가 이 점에 있습니다. 전 세계의 선진국 스무 개 나라를 뽑으면 일본 외에는 다 기독교 국가들입니다. 일본은 유일하게 동양권에 있으면서 서양적인 발전을 이루었습니다. 한국의 미래가 밝은 점 중의 하나가 한국의 중심 종교가 기독교이기 때문입니다. 물론 우리나라에는 불교도 있고 유교도 있고 무속 신앙도 아직 뿌리가 깊습니다. 그러나 다행스럽게도 기독교가 이미 중심 종교가 되어 사회 발전을 선도하고 있기에 미래의 번영을 향하여 진진하게 됩니다.

세 번째 일원론과 이원론에 대해 구별해야 합니다.

하늘의 것은 거룩한 것이고, 땅의 것은 속된 것이라는 사상이 이원론입니다. 철학에서는 듀얼리즘이라고 하는데 이것은 비성경적입니다. 성경은 그리스도 안에서 하늘의 것과 땅의 것, 즉 성속이 예수 그리스도 안에서 하나가 됩니다.

모든 것은 하나님이 창조하신 것이기 때문에 창조 섭리 속에서 하늘과 땅, 성과 속, 교회와 사회가 하나가 됩니다.

> 하늘에 있는 것이나 땅에 있는 것이 다 그리스도 안에서 통일
> 되게 하려 하심이라(에베소서 1장 10절)

핵심을 짚어 주는 구절입니다. 하늘의 것은 교회입니다. 땅의 것은 직장입니다. 김진홍 목사가 주일에 설교하는 것이 거룩하고 김 집사가 집에서 자식 낳아서 키우는 것도 거룩합니다. 누구 안에서요? 그리스도안에서 입니다. 성속의 일치, 이것을 일원론이라고 합니다.

그런데 동양적 음양오행이니 불교 같은 이방 사상은 성속의 분리, 이원론입니다. 기독교인 중에서 성직은 거룩한 것이고, 세상일은 속된 것이라고 생각하면 이것은 비기독교적입니다. 교회에 다니는데 가치관과 세계관은 세상적입니다. 이것을 세속화라고 합니다. 몸은 기독교에, 교회에 속해 있는데 가치관과 세계관은 세상적인 가치관을 따르는 것이 세속화입니다. 교회에서는 거룩한 척 하는데, 세상에 나가면 세상 사람들과 하나도 다른 것이 없는 것이 지금 기독교가 가진 가장 큰 문제입니다. 그래서 이원론, 세속화는 교회의 가장 큰 적입니다.

네 번째는 무엇을 축복으로 인식하느냐, 바로 축복관입니다.

기독교에도 당연히 축복관이 나옵니다. 기독교에서 축복관의 기초

가 신명기 7장, 8장입니다. 신명기 7장, 8장을 축복장이라고 합니다. 그러면 성경도 축복이 나오고, 무당들도 축복을 얘기하는데, 그 차이를 이해하는 것이 성경적 가치관입니다.

> 너희가 이 모든 법도를 듣고 지켜 행하면 네 하나님 여호와께서 네 조상들에게 맹세하신 언약을 지켜 네게 인애를 베푸실 것이라(신명기 7장 12절)

하나님이 인간에게 베푸시는 가장 큰 자비가 인애입니다. 헤세드라고 합니다. 하나님의 마음을 가장 정확하게 표현한 단어입니다. 하나님이 자기 백성에게 주시는 복이 네 가지입니다.

> 곧 너를 사랑하시고 복을 주사 너를 번성하게 하시되 네게 주리고 네 조상들에게 맹세하신 땅에서 네 소생에게 은혜를 베푸시며 네 토지 소산과 곡식과 포도주와 기름을 풍성하게 하시고 네 소와 양을 번식하게 하시리니 네가 복을 받음이 만민보다 훨씬 더하여 너희 중의 남녀와 너희의 짐승의 암수에 생육하지 못함이 없을 것이며 여호와께서 또 모든 질병을 네게서 멀리 하사 너희가 아는 애굽의 악질에 걸리지 않게 하시고 너를 미워하는 모든 자에게 걸리게 하실 것이라
> (신명기 7장 13~15절)

첫째가 자식 축복입니다. "네 소생에게 은혜를 베푸시며…"

우리가 "그래도 자식 농사가 제일이다"라는 말을 하지요? 자식 농사만큼 중요한 것이 없습니다.

둘째가 토지 소산의 축복, 부동산의 축복입니다.

"네 토지 소산과 곡식과 포도주와 기름을 풍성하게 하시고…"

셋째가 동산의 축복입니다.

"네 소와 양을 번식하게 하시리니…"

넷째가 건강의 축복입니다.

"여호와께서 또 모든 질병을 네게서 멀리 하사…"

그러면 성경에서 말씀하시는 이 축복의 내용이 무당들이 말하는 동양적인 축복과 어디서 차이가 나는지 에베소서에서 말씀해 주십니다. 이런 성경적 이해를 확실히 할 수 있어야 가치관의 혼란이 없습니다. 대체로 동양적인 가치관과 성경적 가치관이 섞여서 혼란을 일으키기 때문에 신앙생활에 차질이 옵니다.

> 찬송하리로다 하나님 곧 우리 주 예수 그리스도의 아버지께서 그리스도 안에서 하늘에 속한 모든 신령한 복을 우리에게 주시되(에베소서 1장 3절)

하늘에 속한 복이지 땅에 속한 것이 아니라는 것입니다. 무당들이 말하는 치병기복은 땅에 속한 육의 복이고, 성경의 복은 하늘에 속한 신령한spiritual 복입니다.

세상적인 복은 땅에서 잘 먹고 잘 사는 것인데 하늘에 속한 신령한 복의 핵심은 시편 1장 1절에 나옵니다. 시편 1장 1절이 하늘에 속한 신령한 복의 기준입니다. 그래서 간단한 말씀이지만 이런 본문에 대한 이해가 분명할 때 기독교적인 삶의 방식이 확실해집니다. 웬만한 교인들도 이런 것들을 구분해서 확실히 하지를 못하고 애매하게 앞뒤가 섞여서 예수를 믿는 경우가 많습니다. 이런 걸 분명히 할 줄 알아야 합니다. 시편은 150편으로 되어 있는데 시편 1편이 전체의 서론이고 요약입니다. 시편 1편이 굉장히 중요합니다.

> 복 있는 사람은 악인들의 꾀를 따르지 아니하며 죄인들의 길에 서지 아니하며 오만한 자들의 자리에 앉지 아니하고 오직 여호와의 율법을 즐거워하여 그의 율법을 주야로 묵상하는도다 그는 시냇가에 심은 나무가 철을 따라 열매를 맺으며 그 잎사귀가 마르지 아니함 같으니 그가 하는 모든 일이 다 형통하리로다 악인들은 그렇지 아니함이여 오직 바람에 나는 겨와 같도다 그러므로 악인들은 심판을 견디지 못하며 죄인들이 의인들의 모임에 들지 못하리로다 무릇 의인들의 길은 여호와께서 인정하시나 악인들의 길은 망하리로다(시편 1편 1~6절)

꾀는 모여서 의논하는 것이 꾀counsel입니다. 길은 삶의 방향, 오만한 자들의 자리position는 위치입니다. 사람들의 꾀, 죄인들의 길, 오만한 자들의 자리는 세상적인 복입니다.

영적인 복, 하늘에 속한 신령한 복은 하나님의 말씀을 밤낮으로 묵상하는 복입니다. 살아 계신 하나님의 살아 있는 말씀을 늘 묵상하는 복이 하늘에 속한 신령한 복이고 그 복의 내용이 시냇가에 심은 나무가 받는 복입니다.

우리나라에서는 실감이 덜 나는데 이스라엘은 1년에 2백 미리 밖에 비가 안 오니까 비가 아주 귀합니다. 그런데 다른 나무는 말라 죽어도 시냇가에 심은 나무는 물 근원이 있어서 말라 죽지 않습니다.

성경에서 물은 무엇이겠습니까? 성령과의 교통입니다.

(떡은 말씀, 물은 성령, 움직이는 운동은 전도, 기도는 호흡- 상징어)

물가에 심겨진 나무는 물을 늘 공급받아서, 잎이 푸르다는 것은 말씀을 늘 묵상하는 사람이 성령과 교통이 끊어지지 않아서 늘 영혼이 싱싱하다는 것입니다. 성령의 교통이 중요하다는 거지요. 그래서 하늘에 속한 신령한 복은 하나님의 말씀을 늘 묵상 한다는 거예요.

묵상한다는 단어의 성경 원문의 뜻은 읊조린다는 말입니다. 자기가 말한 소리가 자기 귀에 들릴 정도로 흥얼흥얼하는 것이 읊조리는 것입니다. 크게 하면 옆에 사람에게 방해가 되고, 작게 하면 자기 귀에 안 들리기 때문에 자기 말이 자기 귀에 들리는 정도를 읊조린다고 하는데, 새벽기도 같은 거 할 때 통성 기도하잖습니까? 통성기도 할 때의 성경적 기준이 '읊조린다' 입니다.

그래서 말씀을 읊조리는 사람은 어떤 복을 받느냐? 하는 일이 형통합니다. '형통'이라는 단어가 축복을 일러 주는 상징어입니다.

형과 동생이 대화하는데 형이 동생에게 물었답니다.

"동생, 성경의 만사형통이 뭔지 알아?"

"형, 그게 뭔데?"

"만사를 형을 통해서 하라는 말이야."

이런 형통이 아니고 하나님의 말씀을 통해서 하는 것이 형통입니다. 그런데 형통이라는 단어가 독특합니다. 다 잘 되는 것은 형통이 아닙니다. 그거는 무당이 하는 소리예요.

성경의 형통은 하나님이 판단하셔서 되어야 할 것은 되게 하시고, 안 되어야 할 것은 안 되는 것이 형통이예요. 이해가 갔습니까? 그래서 우리가 기도한다고 다 응답받는 것은 무당의 복이예요.

우리가 기도를 열심히 하는데 하나님께서 보시기에 이것은 안 들어 주는 것이 좋겠다고 하시면 안 되는 거예요. 하나님이 들어 보시고 합당한 것은 반드시 들어 주십니다. 그래서 시편 1편이 대단히 중요합니다.

크리스천의 5대 확신

　우리 신앙인이 세상을 살아가면서 마음에 품고 있어야 하는 확신이 크게 다섯 가지입니다. 하늘이 무너지고, 땅이 꺼져도 딱 그걸 붙들고 나갈 수 있는 확신을 말합니다. 최소한 이 다섯 가지에서는 흔들림이 없어야 합니다.

6. 구원의 확신입니다.
7. 임마누엘의 확신입니다.
8. 속죄의 확신입니다.
9. 기도 응답의 확신입니다.
10. 천국 소망의 확신입니다.

이 시대에 한 가지 더 꼭 필요한 확신

11. 세상을 변화시킬 수 있다는 확신

청계천·활빈교회

6
구원의 확신

> 야곱아 너를 창조하신 여호와께서 지금 말씀하시느니라 이스라엘아 너를 지으신 이가 말씀하시느니라 너는 두려워하지 말라 내가 너를 구속하였고 내가 너를 지명하여 불렀나니 너는 내 것이라(이사야 43장 1절)

여기서 야곱은 크게는 이스라엘 백성 전체, 작게는 하나님이 자기 백성으로 택하신 우리 한 사람, 한 사람을 말합니다. 하나님은 우리 한 사람, 한 사람을 딱 찍어서 불렀습니다. 김진홍, 박 아무개, 이 아무개. 한 사람, 한 사람의 이름을 호명해서 불러낸 것입니다.

우주를 지으시고 천지를 지으신 하나님이 어쩐 일이신지 나에게 관심을 가지시고, 사랑하시고, 나를 위해서 대가를 치르시고 구원하셨다.

구원의 확신입니다. 나를 딱 찍어서 구원하셨다는 확신, 우리가 어떤 경우에도 이런 확신이 있어야 합니다. 하나님이 택하시고 불러주셔서 내가 예수를 믿음으로 죄 씻음 받고 의롭게 되어 구원받았다는 확신은 크리스천 삶의 출발점이자 종점입니다.

> 너희는 그 은혜에 의하여 믿음으로 말미암아 구원을 받았으니
> 이것은 너희에게서 난 것이 아니요 하나님의 선물이라
> (에베소서 2장 8절)

예수 그리스도를 믿음으로 얻게 된 확신입니다. 어떤 공로나 수행이나 업적으로 얻은 구원이 아니라 순전히 마음으로 믿고 입으로 시인하여 은혜로, 선물로 얻은 구원입니다. 구원을 믿음으로 이미 받았다는 말씀입니다. 성경 말씀을 대충 흘려보내지 말고, 말씀이 잘 박힌 못처럼 딱 우리 마음에 심어져서 "야 좋다. 이 말씀으로 살아야지" 하고 주먹에 힘이 와야 합니다. 말씀이 우리에게 담력을 주어서 "세상 참 멋있다. 열심히 한 번 살아보자." 이런 마음이 와야 합니다.

구원파라는 이단은 구원의 확신을 굉장히 강조합니다. 만나면 "구원받았습니까?", "몇 년, 몇 월, 며칠에 구원받았습니까?"라고 묻고 다닙니다.

그런데 모태신앙은 몇 월, 며칠이 분명하지 않은 수가 많아요. 어려서부터 교회를 다니는 중에 언젠가 인지 몰라도 구원받은 신앙이 믿어져 버린 거예요. 그러니까 몇 월, 며칠이 없잖아요.

"예, 몇 월, 며칠은 없어도 구원받은 것을 믿습니다."

그 사람들은 인정을 안 해요.

"그거 엉터리예요. 자기 생일을 모르는데 그 출생이 확실치 않잖아요? 진짜로 구원받아야 합니다. 구원받으면 몇 월, 며칠이 확실해야 하지, 날짜도 모르는데 구원받았다고 하면 안 되지요."

그래서 내가 확실히 말해주었습니다.

"나는 거기에 동의 못 하겠네요. 그거는 당신들이 주장하는 지가복음이지…"

> 예수께서 대답하시되 진실로 진실로 네게 이르노니 사람이 물과 성령으로 나지 아니하면 하나님의 나라에 들어갈 수 없느니라 육으로 난 것은 육이요 영으로 난 것은 영이니 내가 네게 거듭나야 하겠다 하는 말을 놀랍게 여기지 말라 바람이 임의로 불매 네가 그 소리는 들어도 어디서 와서 어디로 가는지 알지 못하나니 성령으로 난 사람도 다 그러하니라
> (요한복음 3장 5~8절)

예수님도 니고데모와 말할 때 바람이 어디서 와서 어디로 가는지 모르듯이 사람의 거듭나는 역사노 그런 것이리고 말씀하셨습니다. 몇 뭘, 며칠이 안 나와도 죄 씻음받고 구원받은 확신이 있으면 성령님이 주시는 확신입니다.

사이비, 이단… 이런 것이 처음부터 사이비가 아닙니다. 우리 일반 성도들이 거기에 빠지는 이유가 95퍼센트는 똑같은 거예요. 끝에 5퍼센트가 다른 거예요. 일반 평신도들은 끝에 5퍼센트가 다른 것을 구분하지 못하거든요.

거기에 가면 또 사이비들이 친절합니다. 아~, 안내도 잘해주고, 친절하고… 잘 나누고, 봉사도 잘합니다.

"이 사람들이 참 모범적이네. 정말 정직하고 진실한 분들이구나. 괜찮네. 괜히 사이비라고 했구만."

95퍼센트까지는 다 같으니까 그걸 보고 옳다고 생각하고 따라가다가 끝에 5퍼센트에 넘어가 버립니다. 그래서 말씀에 대한 훈련이 잘 되어 있어야 합니다.

7
임마누엘의 확신

그러므로 주께서 친히 징조를 너희에게 주실 것이라 보라 처녀가 잉태하여 아들을 낳을 것이요 그의 이름을 임마누엘이라 하리라(이사야 7장 14절)

   크리스천이 마음속 깊이 지녀야 할 확신 중에 두 번째는 임마누엘의 확신, 곧 여호와께서 우리와 함께하실 것에 대한 확신입니다. 크리스천이 누리는 은혜중에 최고의 은혜가 전능하신 하나님, 사랑의 하나님께서 늘 나와 함께 하신다는 확신입니다. 그 하나님을 임마누엘 하나님이라 일컫습니다.

   이사야 선지자가 700여 년 후에 오실 메시아 그리스도에 대하여 예언하였습니다. 자동차를 운전하고 가다가 빨간 등이 딱 켜지면 멈춥니다. 파란색으로 바뀌면 출발합니다. 그게 징조 Sign 입니다. 하나님이 우리에게 징조를 보여주셨습니다. 마태복음 1장 22절에 임마누엘의 의미를 풀어주십니다. 그 확신은 어떠 경우에도 양보할 수 없는, 흔들려서는 안 되는 확신입니다.

   이 모든 일이 된 것은 주께서 선지자로 하신 말씀을 이루려 하심이니 이르시되 보라 처녀가 잉태하여 아들을 낳을 것이요

그의 이름은 임마누엘이라 하리라 하셨으니 이를 번역한즉 하
나님이 우리와 함께 계시다 함이라 (마태복음 1장 22~23절)

이 말씀에서 임마누엘이란 밀의 의미를 "하나님이 우리와 함께 계신다"라는 의미라고 확실히 일러 주십니다. 하나님이 나와, 내 가정과 내 삶의 현장에 임마누엘로 함께 하신다는 확실한 약속입니다. 그리고 마태복음의 마지막 장인 28장에서 세상 끝 날까지 우리와 항상 함께하실 것임을 일러 줍니다.

내가 너희에게 분부한 모든 것을 가르쳐 지키게 하라 볼지어
다 내가 세상 끝날까지 너희와 항상 함께 있으리라 하시니라
(마태복음 28장 20절)

임마누엘 하나님은 크리스천들이 언제 어디서나 반드시 지녀야 할 확신 중의 확신입니다. 성경 전체에서 하나님의 일꾼들에게 약속하시는 약속이 있습니다.

"내가 너와 함께하리니 두려워 말라"

창세기 12장에서 아브라함에게 그렇게 약속하셨고 출애굽기 3장에서 모세에게 그렇게 약속하셨습니다. 그리고 요단강을 도하하여 가나안으로 진입하는 여호수아에게 그렇게 이르셨습니다.

> 네 평생에 너를 능히 대적할 자가 없으리니 내가 모세와 함께 있었던 것 같이 너와 함께 있을 것임이니라 내가 너를 떠나지 아니하며 버리지 아니하리니(여호수아 1장 5절)

모세가 위대했던 것은 여호와가 모세와 함께 계셨기 때문입니다. 마찬가지로 하나님께서 여호수아와 함께 할 것이니까 이렇게 되는 것입니다

"강해라. 담대해라"

이것이 우리 신앙의 확신이 되어야 합니다. 모세와 함께하셨던 하나님, 여호수아와 함께하셨던 하나님께서 오늘 이 시대에 나와 함께 하실 줄 믿습니다. 이것이 임마누엘 신앙입니다.

8
속죄의 확신

> 우리는 그리스도 안에서 그의 은혜의 풍성함을 따라 그의 피로 말미암아 속량 곧 죄 사함을 받았느니라(에베소서 1장 7절)

어떤 상황에서도 양보할 수 없는 확신. 쉬운 말로, 목에 칼이 들어와도 우리가 흔들리지 않을 확신이지요. 예수님의 십자가에서 흘리신 피 공로로 말미암아 죄를 속량 받았다는 확신, 우리의 허물과 죄를 용서하셨다는 확신이 속죄의 확신입니다. 우리가 허물도 많고 죄도 많은 사람들이지만 하나님께서 우리의 믿음을 보시고 허물과 죄를 다 없던 걸로 인정하신, 죄를 용서하신 것을 믿습니다.

그런데 문제가 있습니다. 죄 씻음을 받았는데 살다 보니까 또 죄를 짓게 됩니다. 구원은 받았는데, 살다 보니까 또 죄를 알게 모르게 짓는 것입니다. 세례받고 집사가 되고 권사가 되고 장로도 되고 때로는 목사도 됐는데, 죄를 안 지어야 하는데 죄를 짓게 됩니다. 인간이라서요. 그러면 어떻게 해야 합니까?

요한1서 1장에 분명하게 가르쳐 주십니다.

> 만일 우리가 죄가 없다고 말하면 스스로 속이고 또 진리가 우리 속에 있지 아니할 것이요 만일 우리가 우리 죄를 자백하면 그는 미쁘시고 의로우사 우리 죄를 사하시며 우리를 모든 불

의에서 깨끗하게 하실 것이요(요한1서 1장 8~9절)

요한 1서와 요한복음은 같은 사람이 썼습니다. 사도 요한이 썼는데, 대상이 다릅니다. 읽는 독자가 다릅니다. 요한복음은 아직 예수를 안 믿는 사람을 위해서 쓴 글입니다.

요한복음 20장 31절에 "내가 이것을 쓴 것은 예수를 믿어 구원받게 하려고 썼다"고 하셨습니다. 아직 예수를 안 믿는 사람이 믿고 생명을 얻게 하려고 썼다는 말씀입니다. 그런데 요한1서는 이미 예수를 믿는 사람들을 위해서 썼습니다.

> 내가 하나님의 아들의 이름을 믿는 너희에게 이것을 쓰는 것은 너희로 하여금 너희에게 영생이 있음을 알게 하려 함이라
> (요한1서 5장 13절)

예수를 믿는 사람은 이미 영생을 소유하고 있습니다. 이 확신이 있어야 합니다. 확신이 있는 사람은 영생이 있습니다. 그런데 영생이 있는 사람도 죄가 없다고 하면 거짓말하는 거라고 하셨습니다. 그럼, 죄를 짓는데 어떻게 해야 하느냐? 요한1서 1장 9절로 되돌아갑니다. 영생이 있는 사람들도 때로는 신경질도 내고, 험한 말도 하고, 살다 보면 시험에 들고 죄를 짓는다는 말이지요. 그럼 어떻게 되느냐?

"만일 우리가 우리 죄를 자백하면…"

정식으로 문장을 지어서 예수님의 이름으로 성부 하나님께 자백하

는 겁니다.

"하나님 제가 어제 어떤 형제한테 어떤 몹쓸 허물을 범했습니다. 예수님의 이름으로 자백합니다."

예수님의 이름으로 자백하면 용서하신다는 겁니다. 예수님의 이름으로 죄를 자백하면 그 죄는 기억도 안 하시는 겁니다. 성경 말씀을 통해서 이 신앙이 확실하게 정리가 되어 있어야 합니다. 믿어야 합니다. 그런데 내 마음에 찡한 것도 없고, 눈물도 안 나오고… 어떻게 하나요?

말씀을 믿어야지 자기 감정을 믿는 게 아닙니다. 눈물도 안 나고, 뭐 시원한 것이 없어도 하나님의 말씀을 믿는 것이지, 내 감정이 찡할 수도 있고 안 할 수도 있고, 한참 있다가 올 수도 있고… 그거는 사람마다 차이가 있는 거지요. 말씀을 믿고 약속을 믿는 겁니다.

나는 모태 신앙인입니다. 할아버지 때부터 교회에 다녔는데, 우리 할아버지 삼 형제가 경상북도 청송의 두메산골, 아주 흉악한 산골에서 머슴살이하셨습니다. 부모를 일찍 잃고 한 동네에서 머슴살이하셨습니다. 내가 전에 고향에 갔더니 동네 할머니들이 알아보시고는 "아이고 이게 누구고… 머슴 집 손자 아니라? 엄청 출세했더마. 테레비에 연방 나오더만 아이고 머슴 집에 인물 났어"하고 반기셨습니다. 시골 할머니들은 테레비에 나오면 출세했다고 생각하시는가 봅니다.

할아버지가 머슴 살다가 예수님을 영접하고 교인이 되었는데, 3대째입니다. 모태신앙인데 대학을 졸업하고 1년 반이 지날 때까지 속죄의 확신이 없었습니다. 예수님의 피 공로를 믿는 그 믿음으로 내 허물과 죄를 다 속죄하셨다는 속죄의 확신이 없었습니다.

1968년 12월 4일 저녁에, 철학과 2년 선배 중에 홍은표라는 분과 에베소서를 읽다가 에베소서 1장 7절을 읽고 나서 내 마음속에 헤드라이트 같은 것이 비쳤습니다. 그래서 내가 다시 읽었습니다.

"그리스도 안에서 은혜의 풍성함을 따라"는 말씀은 "순전히 공짜로"라는 말입니다. 은혜라는 말이 아주 요긴한 단어입니다. 헬라어 원문에 나오는 은혜라는 말에는 세 가지 뜻이 있습니다.

"공짜, 선물, 기쁨"

이것이 은혜, 카알라입니다. 카알라 받았다고 하면 선물을 받았다는 말이고, 기쁨을 받았다는 말입니다. 교회에 다니는 것이 기쁩니까? 그렇다고 하면 은혜가 있는 것입니다. 예배드리고 나면 마음이 가뿐하고 기쁩니까? 그러면 은혜받은 것입니다.

그래서 은혜를 받으면 세 가지 마음에 넘치는 것이 있습니다. 은혜 받은 사람의 공통적인 것이 세가지 입니다. 그 은혜가 큰 것인데 몇 십 년 교회를 다니면서 그것이 임하지 못하는 사람들이 있습니다.

첫째 마음에 기쁨이 넘칩니다.

뭔가 좋은 일이 있을 것 같고, 사는 것이 그렇게 기쁘고, 내가 살아

숨 쉬는 것이 기쁩니다. 이것이 은혜입니다.

둘째 입술의 찬양입니다.

찬양받으시기를 기뻐하시는 하나님. 그래서 교회라는 글자가 들어가는 곳은, 가톨릭 성당이던지, 개신교이던지, 항상 교회가 들어가면 찬양입니다. 찬양. 음악이라면 기독교입니다. 그래서 헨델, 모차르트, 베토벤이 다 신앙의 대가들입니다. 참 이상하지요. 은혜를 받으면 저절로 찬양이 나옵니다. 찬송이 딴 게 아니거든요. 기도에 곡을 붙여서 부르는 것이 찬송이니까 우리 신앙생활에서 항상 찬송이 있게 되기를 바랍니다.

셋째 감사가 넘칩니다.

주머니에 돈이 없어도 감사한 거예요. 나무를 봐도 감사하고, 돌을 봐도 감사하고, 욕을 먹어도 감사하고. 이것들이 은혜받은 사람들에게 임하는 특징입니다.
그것이 바로 속죄의 확신입니다. 생각할수록 감사가 넘칩니다.

9
기도응답의 확신

너희가 내 이름으로 무엇을 구하든지 내가 행하리니 이는 아버지로 하여금 아들로 말미암아 영광을 받으시게 하려 함이라
(요한복음 14장 13절)

우리가 기도드리면 하나님 아버지께서 반드시 들어 주신다는 확신은 크리스천들에게 주어진 축복 중의 축복입니다. 이 약속은 크리스천들로 하여금 최악의 조건에서도 최상의 희망을 품게 하여 줍니다. 자기 기도를 들어 응답하시어 최악의 자리에서도 건져 주신다는 확신이 있기 때문입니다.

하나님의 사녀 된 우리가 예수님의 이름으로 무엇이든지 기도드리면 하나님 아버지께서 기뻐하시고 응답하여 행하신다고 하였습니다. 그리고 그 기도가 응답됨으로 인하여 아버지 하나님께서 영광을 받으신다고 하셨습니다. 우리들의 기도가 응답받는다는 확신이 얼마나 위대한 확신입니까!

우리 기도가 응답받음으로써 하나님께 영광 돌리는 거예요. 우리가 지식으로, 세상에서 높은 자리로 영광을 못 돌려도 우리의 기도가 응답받는 것을 보고 세상 사람들이 하나님을 높이게 됩니다.

"아~ 저 사람은 힘도 없고, 두드러진 지식이 있는 것도 아닌데 저

렇게 즐겁고 신나게 사는 것을 보니 하나님을 믿어서 저런가 보다."

우리는 하나님께 영광 돌리는 삶을 살기를 원합니다. 그런데 하나님께 영광 돌리기 위하여 다른 업적을 남기기를 원하지 않습니다. 예수님의 이름으로 하나님 아버지께 기도드려 응답받기를 원합니다. 구약성경 예레미야 33장에서도 이같이 일러 주십니다.

> 일을 행하시는 여호와, 그것을 만들며 성취하시는 여호와, 그의 이름을 여호와라 하는 이가 이와 같이 이르시도다 너는 내게 부르짖으라 내가 네게 응답하겠고 네가 알지 못하는 크고 은밀한 일을 네게 보이리라(예레미야 33장 2절~3절)

우리가 살아가는 동안에 크고 작은 문제에 부딪히게 됩니다. 때로는 자신이 감당치 못할 경우들도 있습니다. 그럴 때 우리가 선택할 길은 여호와께 부르짖는 일입니다. 우리가 부르짖을 때 응답하십니다. 그리고 응답하실 뿐만 아니라 우리가 지금 기대하지 못하고, 예상하지 못하고, 꿈꾸지 못하는 큰 일, 은밀한 일을 보여 주리라 약속하셨습니다.

> 너희가 나를 택한 것이 아니요 내가 너희를 택하여 세웠나니 이는 너희로 가서 열매를 맺게 하고 또 너희 열매가 항상 있게 하여 내 이름으로 아버지께 무엇을 구하든지 다 받게 하려 함이라(요한복음 15장 16절)

동두천 산골짜기에 두레수도원을 세우고 얼마가 지나니 설계가 좀 잘못되어 수도원 시설이 모자라게 되었습니다. 수도원답게 기도하러 오는 사람들을 위한 방도 좀 많이 만들고 사무실도 옮겨야 하는데 공사비가 7~8천만 원이 들어서 기도했습니다. 그런데 기도하는 중에 갑자기 제 통장에 7,600만 원이 난데없이 들어왔습니다. 내가 1974년, 75년에 박정희 정권에 의해 징역을 살았는데 정부에서 죄 없는 사람을 징역을 살게 했다고 보상금을 보내왔습니다. 하루에 194,400원씩 계산해서 보냈습니다. 그때 제가 한 1~2년 더 살고 나올걸, 그랬으면 돈이 많이 나왔을 텐데 하고 조금 후회를 했습니다. 기도 응답이지요. 그래서 수리하는 데 잘 썼습니다.

기도 응답에 대해 가장 확실하게 말씀하신 누가복음의 말씀은 우리가 믿고 마음 판에 딱 새겨야 할 귀하고 귀한 말씀입니다.

내가 또 너희에게 이르노니 구하라 그러면 너희에게 주실 것이요 찾으라 그러면 찾아낼 것이요 문을 두드리라 그러면 너희에게 열릴 것이니 구하는 이마다 받을 것이요 찾는 이는 찾아낼 것이요 두드리는 이에게는 열릴 것이니라 너희 중에 아버지 된 자로서 누가 아들이 생선을 달라 하는데 생선 대신에 뱀을 주며 알을 달라 하는데 전갈을 주겠느냐 너희가 악할지라도 좋은 것을 자식에게 줄 줄 알거든 하물며 너희 하늘 아버지께서 구하는 자에게 성령을 주시지 않겠느냐 하시니라

(누가복음 11장 9~13절)

10
천국 소망의 확신

그리스도께서 죽은 자 가운데서 다시 살아나셨다 전파되었거늘 너희 중에서 어떤 사람들은 어찌하여 죽은 자 가운데서 부활이 없다 하느냐 만일 죽은 자의 부활이 없으면 그리스도도 다시 살아나지 못하셨으리라 그리스도께서 만일 다시 살아나지 못하셨으면 우리가 전파하는 것도 헛것이요 또 너희 믿음도 헛것이며 또 우리가 하나님의 거짓 증인으로 발견되리니 우리가 하나님이 그리스도를 다시 살리셨다고 증언하였음이라 만일 죽은 자가 다시 살아나는 일이 없으면 하나님이 그리스도를 다시 살리지 아니하셨으리라(고린도전서 15장 12~15절)

부활 신앙에 대해서 가장 조직적이고 논리적이고 체계적으로 기록한 장이 고린도전서 15장이어서 부활 장, 생명 장이라고 부릅니다. 우리가 부활하신 예수님을 믿음으로 우리도 부활 신앙으로 다 천국에 가게 됩니다.

데살로니가전서 5장을 천국 장이라고 하는데, 사도바울이 대 환난을 앞두고 성도들에게 확신을 주기 위해서, 어떤 핍박도 능히 이길 수 있는 신앙을 위해 데살로니가서를 썼습니다.

형제들아 자는 자들에 관하여는 너희가 알지 못함을 우리가 원하지 아니하노니 이는 소망 없는 다른 이와 같이 슬퍼하지 않게 하려 함이라(데살로니가전서 4장 13절)

구약에서는 '모세가 120세에 죽고, 요셉이 110세에 죽고, 여호수아도 110세에 죽고'라고 썼는데 신약에서는 '잔다'라고 했습니다. 자다가 천국에서 깨어나는 것입니다. 언젠가 우리가 자는 것 같이 밤에 잠자리에 들었는데 아침에 안 일어나져서 눈을 딱 떠보니까 이미 천국에 와 있는 거예요. 우리가 그런 은혜가 있기를 바랍니다.

주께서 호령과 천사장의 소리와 하나님의 나팔 소리로 친히 하늘로부터 강림하시리니 그리스도 안에서 죽은 자들이 먼저 일어나고 그 후에 우리 살아 남은 자들도 그들과 함께 구름 속으로 끌어 올려 공중에서 주를 영접하게 하시리니 그리하여 우리가 항상 주와 함께 있으리라(데살로니가전서 4장 16~17절)

16절 말씀이 재림 신앙의 클라이맥스입니다. 예수님이 재림하시는데 하나님의 나팔 소리가 들려온다고 했습니다. 대한민국에 교도소가 50여 군데입니다. 그중에 내가 살아본 곳이 네 군데인데, 정치범들은 자꾸 바꿉니다. 나도 서울구치소로 들어갔다가 수원교도소에서 석방이 되었는데, 자주 옮겼습니다. 그런데 교도소마다 취침나팔을 붑니다. 죄수들이 잠을 자도록 매일 정한 시간에 붑니다. 모범 죄수

세 명이 트럼펫을 배워서 트럼펫을 가지고 망루에 올라가 망루에 서서 교도소 전체를 향해서 트럼펫을 부는 것이 취침나팔입니다. 반드시 찬송가를 부릅니다. 참 특이합니다. 다른 나라에는 이런 것이 없다고 합니다. 그런데 트럼펫으로 찬송기를 부르면 참 좋습니다.

"전능왕 오셔서 우리를 다스려 주시옵소서… "

쫙 울려 퍼지면 그 큰 교도소 전체가 쥐 죽은 듯이 조용합니다.

1절 트럼펫이 끝나면 복도에서 "취침~" 이러면 전부 이부자리에 들어가는 겁니다. 그때 사형수 같은 사람들은 복도 창가에 나와서 엄마를 부릅니다. 취침나팔을 불면 그날에는 사형 집행이 없기 때문입니다. 사형 선고를 받은 사람들은 "몇 번…" 하고 불러 내면 사형장으로 가는 거니까 얼굴이 하얗게 되지요. 그런데 취침나팔이 불면 그날은 지나갑니다. 하루를 더 살았다고 그래선지 꼭 복도 창가에 서서 엄마를 불러요.

"엄마. 어머니~~"

그 소리를 들으면 마음이 짠합니다. 그런데 참 이상하게 아버지를 부르는 사람은 한 명도 없습니다. 다 엄마를 불러요. 그러니까 엄마하고 아버지는 질이 다른 거예요. 그러면 옆 방 사람들 가슴이 찡해요. 그렇게 마음이 참 안쓰러워요.

재림하시는 예수님과 우리가 천국 소망을 누리는 거예요. 우리가 이 세상에서 제대로 못 하고, 셋방에 살아도, 인생살이가 빛깔 나는 게 없어도 우리는 확신이 있는 거예요. 천국의 소망이 있는 거예요. 이런 신앙이 우리에게 살아있는 신앙입니다.

기독교의 힘은 우리들의 삶이 이 세상에서 끝나는 것이 아니라 죽은 후의 세계로 이어져 영원한 생명을 누림에 있습니다. 우리들의 삶이 이승에서 끝나는 삶이라면 우리들 크리스천들이 세상에서 가장 불쌍한 자들이라고 고린도전서 15장에서 일러 줍니다.

> 만일 그리스도 안에서 우리가 바라는 것이 다만 이 세상의 삶 뿐이면 모든 사람 가운데 우리가 더욱 불쌍한 자이리라
> (고린도전서 15장 19절)

크리스천은 지금 죽어도 천국으로 바로 들어간다는 확신을 품고 살아가는 사람들입니다. 그래서 죽음이 두렵거나 불안하지 아니합니다. 다만 살아 있으면 열심히 교회를 섬기고 이웃을 사랑할 것이며 죽으면 그대로 천국으로 기쁜 마음으로 옮겨 간다는 확신을 지니고 사는 사람들입니다.

> 아담 안에서 모든 사람이 죽은 것 같이 그리스도 안에서 모든 사람이 삶을 얻으리라(고린도전서 15장 22절)

인류의 조상 아담은 죽음의 시작이고, 우리들의 믿음의 주인이신 예수 그리스도는 영원으로 이어지는 영생의 시작입니다. 그런 천국 소망을 품고 살기에 우리는 어떤 시련, 어떤 좌절도 능히 극복하여 나갈 수 있게 됩니다.

11
세상을 변화시킬 수 있다는 확신
크리스천의 5대 확신에 이어서

> 그러므로 형제들아 내가 하나님의 모든 자비하심으로 너희를 권하노니 너희 몸을 하나님이 기뻐하시는 거룩한 산 제물로 드리라 이는 너희가 드릴 영적 예배니라 너희는 이 세대를 본받지 말고 오직 마음을 새롭게 함으로 변화를 받아 하나님의 선하시고 기뻐하시고 온전하신 뜻이 무엇인지 분별하도록 하라(로마서 12장 1~2절)

크리스천이라면 마땅히 지녀야 할 확신 5가지를 살폈습니다. 나는 이 시대에 한 가지 더 꼭 필요한 확신이 있다고 생각합니다. 그것은 크리스천들이 교회를 중심으로 뜻을 합하고 기도를 합하여 병든 세상을 변화시킬 수 있다는 확신입니다. 사회를 변혁시킬 수 있다는 확신입니다.

성경에서 누누이 일러 주는 성경적인 삶은 은혜를 받고 구원을 얻어 교회 안에서 기쁨을 누리라는 삶이 아닙니다. 살아 있는 제물이 되어 참다운 예배를 드리라 하였습니다. 위에 적은 로마서 12장 1절의 말씀이 그렇게 일러 줍니다.

구약시대 제사는 제물을 죽여서 피 흘려 제단에 바치는 제사였습니다. 신약시대인 지금의 제사, 곧 예배는 '살아 있는 제물'로 바치라

하였습니다. 우리들의 날마다의 삶이 곧 예배가 되어지도록 하나님께 바쳐지는 살아 있는 제물로 바쳐지는 예배를 드리라 하였습니다.

그리고 2절에 이어서 일러 줍니다. 크리스천이라면 세상 풍조, 세속적인 가치관을 따라 살지 말라. 그렇게 살아가는 삶이 바로 세속화 世俗化된 삶이다. 마음을 새롭게 함으로 변화를 받아라. 그렇게 변화된 사람이 되어 병든 역사, 타락한 세상을 변화시켜라. 그것이 참된 크리스천의 삶이다. 곧 세상에 Conform 되는 삶을 살지 말고, 심령의 변화를 받는 삶, 곧 Transform 되어 세상을 변화시키는 삶을 살라 하였습니다. 로마서 12장 2절을 줄여서 표현하자면 다음 같은 말이 됩니다.

"변화되어 변화시키자."

로마서를 일컬어 세계를 변화시기는 책이라 합니다. 지난 2천 년 세계사와 교회사에서 로마서가 수차례 역사를 변화시킨 사례가 있기 때문입니다. 그래서 로마서를 일컬어 History changing book 혹은 History making book이라 일컫습니다. 로마서만이 아닙니다. 성경 전체가 그러합니다. 성경은 개인은 물론 세계 역사를 변화시키고 개혁하는 힘을 지닌 책입니다.

2000년 세계사와 교회사를 살피건대 그 시대가 좌절에 빠져들고 백성들의 삶이 피폐하게 되었을 때마다 성경을 통하여 좌절된 역사를 쇄신하고 절망에 젖어 있는 백성들에게 희망을 주는 역사를 교회가 이끌었습니다.

로마 가톨릭교회가 위기를 만나고 로마 제국이 위기에 직면하였던 시절에 아우구스티누스 한 사람이 로마서 13장의 말씀으로 변화됨으로 새로운 시대를 열어가는 출발점이 되었습니다.

> 밤이 깊고 낮이 가까웠으니 그러므로 우리가 어둠의 일을 벗고 빛의 갑옷을 입자 낮에와 같이 단정히 행하고 방탕하거나 술 취하지 말며 음란하거나 호색하지 말며 다투거나 시기하지 말고 오직 주 예수 그리스도로 옷 입고 정욕을 위하여 육신의 일을 도모하지 말라(로마서 13장 12절~14절)

방탕하고 방황하던 젊은이 아우구스티누스가 이 말씀에 사로잡혀 변화되었습니다. 그가 변화되자 역사가 변화되고 교회가 변화되게 되었습니다.

16세기 들어 가톨릭교회가 부패할 대로 부패하고 역사가 어둠에 빠져 암흑시대를 지나던 때에 독일의 한 수도자 마르틴 루터가 로마서 1장의 말씀을 따라 회심하고 변화되었을 때 위대한 종교 개혁 운동이 유럽 전체에 퍼져 나가게 되었습니다.

> 내가 복음을 부끄러워하지 아니하노니 이 복음은 모든 믿는 자에게 구원을 주시는 하나님의 능력이 됨이라 먼저는 유대인에게요 그리고 헬라인에게로다 복음에는 하나님의 의가 나타나

서 믿음으로 믿음에 이르게 하나니 기록된 바 오직 의인은 믿음으로 말미암아 살리라 함과 같으니라(로마서 1장 16~17절)

청년 수도자 마르틴 루터가 신약성경 로마서의 이 말씀에 힘입어 자신의 심령이 변화되는 체험을 하게 되므로 위대한 종교 개혁의 기치가 오를 수 있게 되었습니다.

크리스천들은 누구나 죄 많은 세상을 보다 좋은 세상으로 변화시켜 나가야 할 의무와 책임이 있습니다. 세상을 좀 더 좋은 세상으로 변화시켜 나가겠다는 결의가 없다면 진정한 크리스천이라 할 수 없습니다.

크리스천이 세상을 변화시키려면 먼저 자신이 변화되어야 합니다. 자신이 변화되지 않은 채로 세상을 변화시킬 수 없습니다. 성경은 변화를 가르쳐 주는 책입니다. 하나님의 영인 성령은 변화시키는 능력입니다. 성령을 받아 세상을 변화시켜 나가는 데에 헌신할 수 있어야 겠습니다.

> **II부**
> **김진홍 목사,**
> **미국에서 교회 개혁과**
> **회복을 외치다!**

교회의 사명

12. 여호와를 하나님으로 삼은 나라
　　사우스파데사나 평강교회

13. 회복과 부흥의 길

14. 새벽을 깨우는 신앙
　　덴버 드림교회

15. 목민 신학
　　덴버 신학대학

16. 한강의 기적에서 한반도의 기적으로

17. 감옥에서 배운 진짜 교회
　　뉴욕 하크네시아 교회

사우스파사데나 평강교회

여호와를 하나님으로 삼은 나라

12
여호와를 하나님으로 삼은 나라

> 여호와께서 나라들의 계획을 폐하시며 민족들의 사상을 무효하게 하시도다(시편 33편 10절)

여호와 하나님께서 민족들의 사상을 무효하게 하신다는 말씀은 주체사상, 공산주의, 사회주의, 파시즘 같은 모든 민족의 사상, 이데올로기ideologie를 하나님이 무효가 되게 하신다는 것입니다.

북한이 지난 80년간 주체사상 교육을 했습니다. 내가 예전에 남북 관계가 좋을 때 북한 라진·선봉시에서 농장을 했었습니다. 북한에 시범 농장을 해서 남한의 농업 기술과 종자를 북한에 보급하겠다고 라진·선봉시 인민위원장과 협의가 잘되어 두레 농장을 했었습니다.

대덕 과학 단지에서 개발한 신품종 감자가 있습니다. 감자씨가 딱 콩알만 한데 이걸 심으면 대량 생산이 됩니다. 신품종 씨감자 40만 개와 비료 300톤을 가져가서 라진·선봉시 두레 농장에 심었더니 3년 안에 풍년이 들었습니다. 기억나십니까? 북한은 종자가 자색 감자, 푸른색 감자입니다. 그런데 박테리아가 많이 먹어서 감자들이 곰보에다 수확이 시원치 않습니다.

그런데 우리가 심은 신품종은 평당 수확이 북한의 다섯 배입니다. 그리고 바이러스가 침투를 안 해서 병이 없습니다. 이런 소문이 나니까 협동 집단 농장 농민들이 견학을 많이 왔습니다.

내가 농장 주민들하고 같이 감자를 캐는데 내 옆에 있는 아줌마가 나를 보지 않고 반대편을 보고 말을 걸었어요.

"남조선에는 거지가 많다디요."

그래서 나도 반대로 보고 대답했습니다.

"왜 거지가 많아요 부자가 많지요."

"듣던 거하고 다른 게비요."

"다르지요. 한국에서 자동차 만들어서 미국에도 팔고요. 텔레비 팔아서 미국서 양식 사 와요. 남조선도 북조선 처럼 식량이 모자라는데 우리는 자동차 만들고 텔레비 만들어서 미국에 팔아서 양식을 미국서 사오지요."

그랬더니 남조선에서 자동차도 만드냐고 놀라요. 1년에 수출이 300만 대나 된다고 하니까 "아 듣던 거하고 다르네요"라고 해서 나도 "다르지요. 나도 남조선에서 듣기는 북조선 다 굶어 죽었다고 들었는데 와 보니까 아줌마도 살아 있잖아요" 그랬더니 "아이고 빨리 통일이 됐으면 쓰겠네요"라고 했습니다.

"남조선 목사가 와서 이렇게 감자도 같이 캐고, 통일이 시작된 거 아닙니까"라고 했더니 "맞아요 오라버니 자주 오시라요"라고 해서 내가 당장 오라버니가 되었습니다.

그런데 이제 뒤에 있던 정치보위부 담당이 그런 대화를 감시하다가 우리가 친하게 지내는 게 표가 나니까 "감자를 입으로 캐나요"라고 소리를 빽 지르더라고요. 그래서 내가 중단했습니다.

점심시간이 됐는데 정치보위부 담당, 농장의 감독관들이 자기들과 단고기 먹으러 가자고 합니다. 북한에서는 개고기를 단고기라고 합니다. 그런데 내가 별로 가고 싶지 않았습니다.

"나는 아침도 늦게 먹고 속이 안 좋아서 예 그냥 있겠습니다. 가서 먹고 오시오."

사실 그건 규정 위반이거든요. 그 사람들은 항상 나를 따라다녀야 하거든요. 그래서 100불을 옆구리 푹 찔러 주면서 먹고 오라고 하니 못이기는척 갔습니다.

혼자서 그 밭에서 농장에서 일하는 사람들하고 같이 있는데 청년이 내 옆구리를 푹 찔러요. 그리고 이렇게 눈짓으로 자기를 따라오라고 해서 내가 눈치를 채고 따라갔더니 밭 골 입구의 땅을 파서 농심라면 봉지가 묻혀 있는 것을 꺼내어 보여줍니다.

라진·선봉이 해안가 도시라 바닷물에 농심라면 봉지가 떠내려온 걸 주워 묻어 놓았다가 그걸 꺼내 가지고 "인쇄가 좋시다"하고 감탄하였습니다. 라면 봉지가 알록달록하니 좋잖아요. "아이 그거는 일회용이어서 인쇄랄 것도 없어요. 남조선 인쇄 잘하지요" 하고 말했더니 "부럽시다래"라고 해서 내가 말했습니다.

"예, 빨리 통일이 돼서 10년만 지나면 남한이나 북한이나 경제가 같아질 수도 있습니다."

그런데 보위부 사람들이 점심 먹고 오는 소리가 들리니까 말이 달라졌습니다.

"남조선에 거지가 많다지요."

그게 그 사람들이 살아가는 방식입니다. 생존 방식입니다.

3년 만에 농장이 잘 되어 농민들이 견학을 오니까 평양에서 추방하라고 지시가 왔습니다. 라진·선봉시 인민위원장이 나에게 죄송합니다만 평양에서 우리를 추방하라는 지시가 왔다고 해서 내가 따졌습니다.

"아니 농사가 잘되는데 왜 추방해요."

그랬더니 조용한 목소리로 말해주었습니다.

"김 선생 너무 빨리 잘되었시다. 천천히 잘돼야 오래가는데 3년 만에 잘된다고 소문이 나 버리니까 평양에서 소문 듣고 추방하라고 지시가 왔시요. 평양에서 지시가 오면 우리는 꼼짝 못 해요."

그래서 아쉽게 내가 이제 떠나게 됐지요. 농사 잘되는 농장을 물려주고 떠나는데 그 시 인민위원장이 송별회를 해 주더라고요. 단고기 파티를 했습니다. 개고기 파티지요. 북한은 전기 사정이 좋지 않아서 왔다 갔다 합니다. 근데 이 개고기가 냉장고에 있었는데, 전기가 올 때는 거기서 얼었다가 전기가 가 버리면 녹았다가 또 몇 시간 있다가 전기 오면 또 얼었다가 또 녹았다가 이걸 몇 번 하니까 고기가 변질되었습니다.

그걸 모르고 내가 대접받고, 아이고 저녁에 위로 토하고 밑으로 싸고, 그만 죽겠더라고요. 내가 기도했습니다.

"하나님 이 단고기 먹고 죽으면 순교도 아니고 이거 뭡니까. 이거 고쳐 주십시오."

이건 뭐 감당을 못 하겠더라구요. 막 토하고 설사하고 금방 죽을 것 같았습니다. 그래 비상을 걸었더니 자기들도 보니 급하니까 보건소 같은 데로 나를 데려갔습니다.

의사와 간호사가 한밤중에 동원되어 나를 치료한답시고 링거 주사를 놓으려 하는데 링거병이 맥주병 같은 병에 노끈으로 묶은 병으로 주사를 놓으려 하기에 내가 소름이 끼치면서 저걸 맞다가 잘못되면 죽을 것 같은 생각이 들었습니다. 그래서 중단하고 차를 대절하여 중국 연길로 나왔습니다. 다행히 연길병원 응급실에 입원하여 치료받고 회복되었습니다.

그곳에서 정말 놀랐습니다. 옆방에서 맹장염 수술을 하는데 마취약이 없으니까, 생배를 째는데, 얼마나 아프다고 소리를 지르는지 정신이 하나도 없고 또 치과 환자의 이를 빼는 것 같은데 마취를 안 하고 생이빨을 그냥 빼니까 아프다고 소리 지르고 병원이 아니라 수라장이었습니다.

그런데 '천주교 정외구현 사제단'이라고 있습니다 정의구현 사제단 신부와 수녀들이 똘똘 뭉쳐서 활동하고 있는데, 그 사제단 소속 신부가 날 만나서 북한은 교육도 의무 교육이고, 병들면 무료로 다 치료받는 이상 사회라고 북한을 칭찬하길래 내가 한심해서 말해주었습니다.

"역시 남자가 장가를 안 가고 여자한테 안 시달려 보니까 철이 안 들어요. 당신 장가 안 가고 혼자서 사니까 철이 안 들었어. 내가 차비 대줄 테니까 북한에 가 가지고 이빨 한번 뽑아 보소. 내가 비용 다 대줄 테니까 맹장 수술 한번 해 보소."

윤석열 대통령이 해외 순방을 가는데 정의구현 사제단 소속 신부가 "비나이다 비나이다 비행기 떨어지길 비나이다"라고 기도하는 글을 올렸습니다. 이 나라 꼴이 얼마나 우스우면 무슨 신부가 그 나라 대통령이 외국 가는데 "비나이다 비나이다" 그러면서 대통령 부부가 비행기에서 추락하는 이미지를 올립니까. 그래서 우리 교인이 그걸 보고 "비나이다 비나이다 저 신부 뒤지길 비나이다" 했답니다.

지금 한국이 먹고살 만해지기는 했는데 정상이 아닙니다. 해방된 뒤에 남한에 미군정美軍政이 들어왔지요. 북한은 소련군이 들어왔는데 소련군 대위 김일성을 소련군이 밀어주었습니다.

우리나라 역사 교과서가 있습니다. 미국도 미국사 교과서가 있잖아요. 그게 얼마나 중요합니까. 그런데 한국사 교과서에 미군은 점령군이고 소련군은 해방군이라고 했습니다. 또 남한의 이승만 대통령은 친미, 친일, 반민족 세력이라고 하고 김일성은 민족 해방의 영웅이라고 나와 있었습니다.

그러니까 우리나라가 우리 선배들이 밤새워 재봉틀 돌리고 일해서 이만큼 먹고살 만하게 되었는데 사상이 병들었습니다. 어떤 사회든지 보수와 진보가 같이 나가야 하지요. 미국도 보수 공화당 진보 민주당 정권이 왔다 갔다 하잖아요. 이렇게 보수와 진보가 왔다 갔다 해야 하는데 이것이 문제가 되었습니다.

나는 운동권 출신인데 70년대 운동권하고 80년대 운동권이 내용이 다릅니다. 나는 70년대 운동권입니다. 박정희 대통령이 유신 헌법을 가지고 나라를 장악하고 긴급조치를 발동하여 억압하니까 우리가 데모했습니다. 박정희 대통령이 안보도 열심히 하고 경제도 잘하고 좋은데 대한민국 헌법을 지켜야지 헌법을 무시하면 안 되지 않냐고 해서 데모한 것입니다.

나는 지방 대구에서 데모 주동하고, 고려대학은 이명박 전 대통령이 고대학생 회장으로 데모 앞장서고, 서울대학은 김덕용이라고 나중에 YS 실장하던 김덕용이 학생회장 하면서 데모했습니다. 또 서울대 물리대에 김지하라고 있었는데 나도 철학과 김지아도 철학과였습니다. 철학 중에 미학이 전공이에요. 다 같은 41년생이었습니다.

우리 또래들이 70년대 민주화 운동 데모대의 중심인물들인데 어디서 빗나갔냐 하면 80년 광주 사태예요. 광주 민중항쟁이라고 합니다. 그 광주사태 때 민중들이 민주주의 하자고 데모했는데 그때 전두환이나 노태우 이런 신군부가 무력으로 광주 민중항쟁을 진압했습니다. 그때 데모가 좀 괴격해져서 무기고를 탈취해서 데모하여 진압군도 죽고 시민도 죽고 금남로에 피를 많이 흘렸습니다.

'광주 민중항쟁은 북한이 주도한 거다.'
'아니다 순수한 광주 시민들의 민주항쟁이다.'

지금까지 말이 많아요. 그런데 그때 내가 보고 파악한 바로는 시민군이 벽에다가 '북괴는 오판 말라' 이렇게 썼습니다. 북한이 이걸 이용하려 하지 말라는 거지요. 오판 말라고 벽보에 붙어 있어요. 그러니까 광주 민중항쟁의 중심이 광주 시민인 것은 틀림없는데, 거기에 북한의 첩자 소수가 들어와 공작했을 수는 있겠지요. 나는 민중항쟁 자체를 북한의 소행으로 그렇게 치부하는 거는 좋지 않다고 판단합니다. 난 그건 어디까지나 민주주의 운동으로 우리가 박수 쳐 주어야 한다고 주장합니다.

그때 신군부가 무력으로 진압하니까 학생 운동이 지하로 내려갔습니다. 그때가 80년입니다. 그런데 지하로 내려간 학생 운동에 북한 김일성 주체사상이 접선이 된 거예요. 거기서부터 한국 운동권, 한국 좌익이 병들었습니다.

해외에서 이렇게 살면 보수와 진보 간의 정상적인 국가 경영으로 알지만, 사실은 진보진영의 운동권이 지하로 내려가면서 북한의 김일성 주체사상이 학생들과 접선을 해서 북한에서 인천에 잠수함을 보내 학생들이 인천에서 잠수함을 타고 북한에 밀입국 했습니다. 이때 김영환이라는 서울대학에서 학생 운동을 하던 중심인물이 있습니다. 그 사람이 〈강철서신〉이라는 글을 써서 학생 운동권들을 주체사상으로 이끌어 갔습니다.

그 김영환이 잠수함을 타고 북한에 두 번 갔어요. 가서 보니까 아닌기라. 김일성 만나서 훈장도 받고 노동당도 입당하고 했는데 가서 돌아보니까 북한 주민들이 굶는 것입니다. 그리고 국민들이 눈동자가 풀려있고 활기가 없어요. 국민이 자기들의 주권을 말할 수가 없어요. 그래서 김영환이 '아 이건 아니구나. 이거는 우리가 꿈꾸던 이상주의가 아니구나' 하고 깨달은 겁니다.

그래서 김영환이 두 번 북한 갔다 온 뒤에 자기가 조직했던 민족민중 해방 전선을 해산시켜 버립니다. 내가 북한에 가보니 이게 아니더라. 역시 자유민주주의를 정착시켜야지 김일성 주체사상 가지고는 민족이 병들겠다고 선포했습니다. 김영환이 기자 회견을 해서 자기 정체를 밝히고 중앙정보부에서 날 체포해 가서 깨끗하게 조사해라. 난 있는 그대로 얘기하겠다고 해서 조사받았습니다. 거기서 그는 전향했습니다. 전향을 영어로 컨버트Convert라고 합니다.

김영환은 전향했는데 전향을 안 하고 남아 있는 남한의 친북 조직들이 경기동부 연합, 인천 연합, 경상 연합, 호남 연합 4개 조직이 있었어요. 주사파 조직입니다. 경기동부 연합에 우리가 잘 아는 이석기란 인물이 있었습니다. 중앙정부에서 이런 내용을 파악은 하는데 분명한 꼬투리가 없으니까 잡아내지 못했습니다.

공산주의 혁명에는 두 가지 흐름이 있습니다. 썰물기와 민물기입니다. 물이 빠지는 게 썰물이고 물이 들어오는 게 민물인데, 이제 이석기가 경기동부연합의 책임자가 되어 생각하기를 지금은 군부 통치로 썰물기다. 그래서 조직이 지하로 들어가 굶고 라면 먹고 감옥 살고 하면서 지하 조직을 확장했습니다. 그리고 이제 민주화가 되어 세월이 좋아지고, 자기들에 대한 견제가 없어지니까 지금이 밀물기다 해서 그 조직들이 정당 활동을 시작했습니다.

밀물기에 지상에서 정당 활동을 해서 이석기를 포함한 13명이 국회의원이 되었습니다. 13명이 국회의원이 되니까 판이 다르잖아요. 이석기가 대표로 있는 그 당 이름이 통진당인데, 1년에 국고 예산을

100억을 줍니다. 거기에다 국회의원 세비가 엄청나게 나오지요. 정부 예산으로 비서관 다섯 명을 붙여 줍니다. 호시절이 된 것입니다.

그 당시 법무부 장관이 황교안이었습니다. 그 황교안 장관이 공안 출신이요, 간첩 잡던 사람인데 보니까 이상해요. 이석기 국회의원이 정부 자료를 요청하는데 전부 국방 일급비밀만 자료 요청을 합니다. 그러니까 저 친구가 이상하다. 왜 군사 기밀 서류만 요청할까 해서 소리 없이 조사가 시작되었습니다.

조사해 보니 '북한하고 직접 거래하는구나. 경기동부 연합의 보이지 않는 수뇌부로구나'하는 것을 알게 됐는데 증거가 없어서 그냥 감시만 하고 있었습니다. 그런데 사정이 너무 좋아지니까 이 석기가 방심했어요. 1년에 100억 나오지, 국회의원 세비 나오지, 정부 자료를 요청하면 다 주니까 공작하기가 쉬워진 겁니다. 그래서 이제 혁명의 밀물기라고 확신하고는 서울에 있는 가톨릭에서 운영하는 연수원에 핵심 당원 130명을 모아 지시를 했습니다.

"그날이 다가온다. 그날이 오면 A조는 KT를 점령하고 B조는 철도를 점령하고 C조는 어디에 석유 단지가 있으니까 그걸 폭파시켜라."

그리고 압력밥솥을 가지고 사제 폭탄 만드는 방법이 있어요. 압력밥솥에 화약을 넣어 사제 폭탄을 만드는 걸 훈련시키는 얘기를 하였습니다. 이런 걸 일대일로 얘기해야 하는데 이석기가 다 잘되니까 방심해서 그걸 130명 모아놓고 그 얘기를 했는데 그중에 크리스천이 한 명 있었습니다.

모태 신앙인 이 친구가 자기는 통진당에 들어올 때 평등 세상 만들자고 들어왔는데 들어보니까 이거는 민중 혁명이거든요. 뭐 KT를 폭발시키고 석유 단지를 불 지르고 이건 아니잖아요. 어 이건 아닌데 하는 생각이 들어서 핸드폰을 손가락으로 이렇게 만져 몰래 녹음했습니다. 집에 와서 들어보니까 크리스천으로 용납이 안 되는 거예요. 공산 세상 만드는 일을 할 수가 없는 겁니다.

이 청년이 중앙정보부 요원인 삼촌에게 전화해서 만나 녹음한 것을 들려주었습니다. 그래서 이석기 본색이 드러난 겁니다. 안 그래도 지금 내사 중인데 그 녹음을 들어보니까 이제 증거를 잡을 수 있을 것 같아 중앙정보부에서 그 청년한테 정부에서 재정을 지원해 줄 테니 계속 녹음해 달라고 부탁했습니다.

"아니 난 나라 위해서 한 거지 돈 때문에 한 게 아니예요. 돈 때문이라면 내가 왜 하겠습니까. 평등, 정의로운 세상 만들기 위해서 내가 그 통진당에 들어갔는데 돈 받고 할 생각은 없지만 내가 끝까지 그냥 하셌습니다."

이 청년이 이렇게 말하고는 모일 때마다 녹음했습니다. 몇 달 동안 하니까 정보가 새는 것 같아 통진당에서 단속하기 시작했습니다. 정보부에서 위험하다고 판단하고 그만하라고 하고 그동안에 녹음한 것으로 이석기를 재판해서 감옥에 넣고 통진당을 반국가 세력으로 해산을 시켰습니다. 이것이 참 역사입니다.

그런데 그동안에 선거관리위원회, 헌법위원회, 사법부, 경찰, 고루고루 아지트를 만든 거예요. 이번 12월 3일에 윤석열 대통령이 대통령이 되니까 정보가 많잖아요. 지난번 선거 자료를 다 조사해 보니까 부정 선거 의혹이 너무 많은 거예요. 그런데 선거관리위원회가 헌법 기관이라 이걸 감사도 제대로 못 합니다. 이걸 하려면 계엄령을 내려서 초법적으로 단속할 수밖에 없어 12월 3일 계엄령을 내렸답니다.

계엄군 280명은 국회에 갔는데 총알도 안 가져갔어요. 그냥 빈총 들고 가서 시늉만 하고 300명이 수원의 선거관리위원회에 가서 자료를 전부 압수했답니다. 거기서 중국 국적의 사람들이 부정 선거 관련해서 체포도 되고, 99명이라 하는데 한 30명 된답니다. 국적이 중국이라 어찌할 수 없어서 비행기로 미국에 넘겼다고 합니다.

그리고 곧바로 국회에서 계엄 해제를 결의해서 계엄이 해제되고 또 바로 대통령이 탄핵당하고 지금 탄핵 재판이 진행되고 있습니다.

그런데 민주당이 잘못 생각한 것이 시민들이 들고 일어날 것이라는 생각을 못 한 겁니다. 그러니까 시민들이 화가 난 겁니다.

윤석열 대통령의 계엄령은 잘못했다 치더라도 내용이 드러난 거예요. 선거관리위원회니, 헌법재판소니 전부 좌익들이 점령해 있는 걸 시민들이 보고는 "아이고 언제 좌익들이 이렇게 자리를 차지했냐? 이러다가 나라가 통째로 넘어가겠네" 이렇게 알게 된 겁니다. 그래서 탄핵 반대파와 탄핵 찬성파가 갈라졌는데 탄핵 반대파가 10만 명이라면 윤석열 탄핵을 지지하는 사람은 10분의 1정도 정도 됩니다.

내가 밤 10시쯤 일부러 돌아봤더니 탄핵 반대하는 사람은 주로 청년들입니다. 대학생, 20대, 30대. 이걸 2030 세대라 그럽니다. 이 사람들이 이제 밤에 막 떨면서 윤석열 대통령을 지키자고 모였습니다. 그런데 탄핵 찬성하는 쪽으로 가 보니까 한 10분의 1 정도 되는데 절

반은 중국 사람, 중국 청년들입니다. 내가 가서 '니하우'라고 인사했더니 비실비실 피하더라고요. 그리고 경찰관이라고 서서 지키는데 가만히 보니까 이상해요. 말을 안 하고 서 있어요. 내가 뭐 물어도 말을 안 해요. 그래서 내가 '세세' 하니까 반응이 없더라고요.

중국 사람이 경찰관 복장을 하고 지키는 거예요. 그래서 내가 청년들 몇 데려가서 이 중국 놈이 왜 한국 경찰을 하냐고 하면서 경찰관이라고 쓴 걸 잡아 뜯고 끌어내니까 벌벌 떨면서 도망을 치더라고요. 이걸 국민들이 알아야 합니다.

그래서 이제 대학생들이 깨어난 거지요. 내가 밤 10시쯤 가서 물었습니다.

"자네는 이 추운데 왜 길거리에 나와서 고생하는가?"
그랬더니 그 대학생의 대답에 깜짝 놀랐습니다.
"저는 윤석열 대통령 지키려고 나온 게 아닙니다."
"그럼, 왜 나왔는데?"
"그러니까 자유민주주의 지키려고 나왔습니다. 어르신네, 중국식 사회주의가 될 순 없잖아요. 더구나 북한식 공산주의는 안 되잖아요. 어르신들이 대한민국을 일으켰는데 우리 대에 와서 '김정은 만세' 하고 살 수는 없잖아요."

그 청년들이 스스로 깨달은 겁니다. 누가 가르친 것도 아닌데 이 추운 밤중에 거기 뭐 몇만 명 아니라 10만 명, 30만 명 단위로 모이는 거예요.

그러니까 이거는 '하나님이 보호하사' 입니다. 아멘. 그리고 교인들이 깨닫는 겁니다. 교인들은 아무래도 반공이잖아요. 지금도 교회 안에 좌파들이 많이 침투해 있지요. 김일성이 남반부 해방 전선 십개조가 있어요.

남반부를 해방하는 데에 십개 조항이 있어요. 그중 네 번째가 '교회를 해체하라' 입니다. 그런데 그 전략이 바뀌었어요. 교회에 침투하라. 그래서 신학교 교수 중에 주사파들이 있는 겁니다.

내가 나온 학교가 장로회 신학대학인데 신학대학 교수들이 탄핵 지지 성명을 냈어요. 그러니까 학생들이 열 받아서 탄핵 반대 데모를 하니까 교수들이 너희들이 탄핵 반대하면 제적하겠다고 했습니다. 그래서 학생들이 "제적하시오. 우리는 사회 문제 삼겠습니다"라고 했습니다. 학생들이 만만치 않잖아요. 그러니까 교수들이 불러내 밥 사 주면서 없던 걸로 하자고 했답니다. 이게 한국의 현재 상황입니다. 이제 시민들이 깨어나고 청년들이 깨어나고 교회가 깨어났습니다.

이번에 부정선거에 대한 문제가 불거져 나왔습니다. 그동안은 부정선거가 뭔 말도 안 되는 소리라고 무시했는데 이번에 부정 선거의 자료가 많이 나왔습니다. 3월 1일에는 광화문과 여의도에 약 500만 명이 모였어요. 광화문에서 서울역까지 종로 끝까지 사람들로 가득 차게 모여 "부정선거 해명하라. 윤대통령 복귀해라"고 외쳤습니다.

지금 한국이 굉장히 중요한 시기입니다. 내가 이상하게 생각하는 것이 지난번 선거 때 해외 동포들이 선거에 참여했는데, 그중에서 미국 동포들의 70%가 좌파에 표를 주었습니다. 해외에 나가면 애국자가 된다는데 왜 좌파 쪽에 그렇게 표가 많은지 모르겠습니다. 이제 판을 바꿔야 합니다. 그래서 중요한 것이 교회입니다.

나도 산골짝에 가만히 있으면 편하지요. 내가 지금 84살인데 가만히 있으면 뭐 편하게 살겠는데 광화문에 가서 연설하고 여의도에 가서도 연설하고 국회에 가서도 연설하였습니다.

국회에 가면 국회 취재 기자들이 있습니다. 그런데 그 기자들이 90%가 삐딱합니다. 기자가 되려면 머리가 좋아야 하는데 그 좋은 머리가지고 기사를 바르게 안 쓰는 겁니다. 그래서 내가 "그러면 당신들 신상에 좋지 않아. 생각해 봐. 광화문에 수백만 명이 모여 있는데 당신들 조선일보, 동아일보, 한국일보 조심해야 하지 않겠어?" 하고 공갈을 좀 쳤습니다. 모두 다 조심하느라고 그런 말을 못 하잖아요. 나야 뭐 감옥 가면 성경 보면 되는 것이고, 그러니까 이제 우리가 말할 것은 말해야 합니다. 소리쳐야 합니다.

시편 33편에 하나님이 나라들의 계획을 패하시고 민족의 사상을 무효하게 하신다고 했습니다. 하나님이 없앤다는 것입니다. 시민 세력이, 교인이, 청년들이 몇백만이 나오니까 기가 죽은 겁니다. 그러니까 한국은 교회가 희망입니다. 스님들이 나에게 와서 얘기해요.

"목사님 고맙습니다. 우리 불교는 안 됩니다. 움직이는 사람이 없습니다. 목사님 부탁합니다."

그리고 야당 의원 중에도 모르게 나한테 연락하는 분이 있습니다.

"목사님 이때 세게 밀고 나가야 합니다. 우리는 진짜 진보 정당 되고 싶지, 좌파 그 주사파 정당 될 마음 없습니다."

그러니까 내가 일하다가 사명감을 느끼는 거지요.

1948년 5월 31일에 대한민국 제헌국회가 개회되었습니다. 제헌국회에서 7월 12일에 헌법이 국회를 통과하여 7월 17일에 공표가 되었습니다. 제헌국회는 초대 국회 의장으로 이승만 장로를 선출하였습니다. 이때 국회의원 198명이 첫 회의를 할 때 이승만 장로가 종로에서 국회의원이 된 이윤영 목사의 기도로 제헌국회를 시작하였습니다.

"여러분 신생 독립국과 대한민국 탄생을 위하여 기도 먼저 하겠습니다. 이윤영 의원 나오셔서 기도해 주시겠습니다."

국회의원 198명 중에는 사회주의자, 불제자도 있었지만, 자발적으로 일어서서 기도했습니다. 전 세계에 228개 국가가 있는데 기도로 시작된 나라는 대한민국 한 나라입니다. 아멘. 이 대한민국이 보통 나라가 아닙니다. 관보 제1호가 기도문입니다.

> 우주와 만물을 창조하시고 인간의 역사를 섭리하시는 하나님이시여 이 민족을 돌아보시고 이 땅에 축복하셔서 감사에 넘치는 오늘이 있게 하심을 주님께 저희들은 성심으로 감사하나이다. 오랜 시일동안 이 민족의 고통과 호소를 들으시사 정의의 칼을 빼서 일제의 폭력을 굽히시사 하나님은 이제 세계만방의 양심을 움직이시고 또한 우리 민족의 염원을 들으심으로 이 기쁜 역사적 환희의 날을 이 시간에 우리에게 오게 하심은 하나님의 섭리가 세계만방에 현시하신 것으로 믿나이다.

하나님이시여, 이로부터 남북이 둘로 갈리어진 이 민족의 어려운 고통과 수치를 신원하여 주시고 우리 민족 우리 동포가 손을 같이 잡고 웃으며 노래 부르는 날이 우리 앞에 속히 오기를 기도하나이다.

하나님이시여, 원치 아니한 민생의 도탄은 길면 길수록 이 땅에 악마의 권세가 확대되나 하나님의 거룩하신 영광은 이 땅에 오지 않을 수 없을 줄 저희들은 생각하나이다. 원컨대, 우리 조선독립과 함께 남북통일을 주시옵고 또한 민생의 복락과 아울러 세계평화를 허락하여 주시옵소서.

거룩하신 하나님의 뜻에 의지하여 저희들은 성스럽게 택함을 입어 가지고 글자 그대로 민족의 대표가 되었습니다. 그러하오나 우리들의 책임이 중차대한 것을 저희들은 느끼고 우리 자신이 진실로 무력한 것을 생각할 때 지와 인과 용과 모든 덕의 근원되시는 하나님께 이러한 요소를 저희들이 간구하나이다.

이제 이로부터 국회가 성립되어서 우리 민족의 염원이 되는 모든 세계만방이 주시하고 기다리는 우리의 모든 문제가 원만히 해결되며 또한 이로부터서 우리의 완전 자주독립이 이 땅에 오며 자손만대에 빛나고 푸르른 역사를 저희들이 정하는 이 사업을 완수하게 하여 주시옵소서.

하나님이 이 회의를 사회하시는 의장으로부터 모든 우리 의원 일동에게 건강을 주시옵고, 또한 여기서 양심의 정의와 위신을 가지고 이 업무를 완수하게 도와주시옵기를 기도하나이다.

역사의 첫걸음을 걷는 오늘의 우리의 환희와 우리의 감격에 넘치는 이 민족적 기쁨을 다 하나님에게 영광과 감사를 올리나이다. 이 모든 말씀을 주 예수 그리스도 이름 받들어 기도하나이다. 아-멘.

이윤영 목사의 기도가 아주 절실해서 읽으면 눈물이 납니다. 고비 고비 우리나라를 하나님이 보호하시는 거지요. 아멘. 그래서 이 시편 33편 12절 "여호와를 하나님으로 삼은 나라 곧 하나님의 기업으로 선택된 백성은 복이 있도다"라는 말씀이 아멘입니다. 대한민국은 하나님의 기업이 돼야 합니다. 중소기업, 대기업 할 때 기업企業이 아닙니다. 엔터프라이즈 Enterprise가 아니고 터기基 기초基礎를 말합니다. 대한민국은 기초가 하나님의 말씀입니다. 하나님을 믿는 신앙이 대한민국의 기초 기업이 되어야 합니다.

서점에 가면 조지 프리드먼이라는 기업인이며 정치학 교수가 저술한 『100년 후Next 100 Years』라는 책이 있습니다. 아주 좋은 책입니다. 그 책에서 조지 프리드먼 교수는 코리아는 2030년까지 통일이 될 것이고 통일

후 10년간 기반을 잘 잡아서 2040년경에 만주 땅까지 넘보게 될 것이라고 썼습니다. 그때가 되면 중국은 분열하고, 러시아도 분열하고 미국과 한국의 동맹이 강화되어 미국과 한국이 아시아 대륙의 이니시아티브를 잡을 것이라고 그 책에 있습니다.

나는 굉장히 탁월한 견해라고 봅니다. 그러니까 나는 대한민국의 목사라는 것에 대해서 자랑스러워합니다. 목사가 정말 중요한 시대입니다. 내가 그 광화문에, 여의도에 500만이 모였는데 보니까 80%가 크리스천입니다. 중간중간 스님도 법복 입고 와있고 가톨릭 신자도 물론 있지만 크리스천들이 많아요. 교회가 그동안에 잠들어 있다가 이번에 교회의 문이 열린 겁니다. '역시 이 나라는 교회가 중심이 돼야겠구나' 하는 생각을 했습니다.

이번에 20대 청년들이 교회로 많이 들어왔습니다. 교회가 이들을 잘 이끌어 다음 세대의 주역이 되게 해야 합니다. 물론 헛소리하는 목사들이 좀 있기는 합니다. 이쪽도 좋고 저쪽도 좋고 교인 많이 생기고 헌금 많이 들어오면 만족합니다. 그러나 예수님은 그렇지 않습니다. 산상수훈에 분명히 말씀하셨습니다.

오직 너희 말은 옳다 옳다, 아니라 아니라 하라 이에서 지나는 것은 악으로부터 나느니라 (마태복음 5장 37절)

옳으면 Yes, 아니면 No를 분명히 해야지 뭐 눈치 봐 가며 아침에는 옳고 저녁에는 아니고, 이게 있어요? LA에도 교회가 많잖아요. 목사들 다 모아서 한번 터놓고 얘기하고 싶어요. 진짜 숨은 얘기들이 많지요. 나는 30대 운동권으로 지금까지 내가 내 나름으로 일해왔으니까요.

한국은 교회가 희망입니다. 이 교회가 주도권을 잡고 과감하게 나가야 합니다. 그리고 헌금 걷어서 교회에서 다 쓰지 말고 이런데 돈을 써야 합니다. 청년들을 깨우치고 키우는 일에 써야 합니다. 그래서 우리가 이번에 '자유민주시민연대'라는 시민단체를 만들었는데 거기에 청년 정치학교를 개설했어요. 그런데 학교란 말을 쓴 데가 많아서 청년 정치 아카데미, 성인 정치 아카데미, 교인 정치 아카데미 같은 이름으로 바른 국가관과 역사관을 가르치려고 합니다.

성경을 바탕으로한 자유민주체제에는 다섯 개의 가치관이 있습니다. 이게 현대 사회의 통일된 가치관입니다. 이 기초가 성경입니다. 이것을 잘 기억하여야 합니다.

정치적으로는 자유민주주의, 경제적으로는 열린 시장, 자본주의, 사회적으로 복지 사회, 인권으로 인권 존중, 그다음에 국가 경영에는 법치주의입니다. 기독교 문화권에서 성경을 바탕으로 이 다섯 가지가 기본입니다. 그런데 좌파 정권, 주사파가 정권을 잡아 법을 무시하고 함부로 막 행사하니까 국민이 화가 난 것입니다. 왜 대통령을 숙소에 두면 되지 왜 구속시키냐는 겁니다. 대통령 구속할 때 죄명이 증거인멸의 위험이 있다고 하는데 대통령을 자기 집에 두면 거기가 감옥 보다 더 한데 감옥에 왜 넣어요.

대통령 쪽에서 김진홍 목사가 사인한 성경 한 권을 감옥에 들여보내 달라고 연락이 와서 내가 대통령 비서에게 성경을 사가지고 오라고 해서 시편 37편 23절, 24절을 적어 보내주었습니다.

여호와께서 사람의 걸음을 정하시고 그의 길을 기뻐하시나니 그는 넘어지나 아주 엎드러지지 아니함은 여호와께서 그의 손으로 붙드심이로다

이 구절은 내가 박정희 대통령 시절에 긴급조치 위반으로 감옥에 있을 때 은혜받았던 말씀이어서 그걸 적어서 보냈더니 석방된 다음 날 나에게 고맙다고 전화 왔습니다. 그래서 내가 "아 좀 더 있었으면 성경 더 많이 볼 수 있었을 텐데 그 참 아쉽네요" 하고 웃었습니다.

우리 성도들이 구원받아 천국 가고, 교회가 부흥되고, 그 교회가 나라의 장래를 바로 세워야 합니다. 대한민국이 바로 북한을 흡수해서 강력한 자유 대한민국이 되면 미국과 통일된 한국이 딱 손바닥 마주쳐서 세계를 주도하는 이니시아티브 파워가 됩니다.

"그렇게 될 것이다"라고 하면 안 됩니다. 그렇게 됩니다. 반드시 그렇게 됩니다. 이것이 하나님의 뜻이고 역사의 흐름입니다.

독일의 헤겔이라는 철학자가 『역사 철학』이라는 두툼한 책을 썼는데 그 책에 어느 시대나 그 시대를 이끄는 정신이 있는데 그것을 시대 정신이라 한다고 했습니다. 그것을 짜이트 가이스트 zeitgeist라고 합니다. 짜이트가 시대고 가이스트가 정신이어서 시대 정신이라 합니다. 그 시대 정신을 몸으로 예감하고 실천하는 사람이 지도자가 된다는 것이 헤겔의 말입니다.

그러니까 대한민국의 교회가 중심이 되어 주사파니 공산주의니 다 쓸어버리고 자유 민주주의로 통일이 되어 미국과 더불어 자유 세계를 움직이는 양대 세력이 된다. 이것이 시대정신입니다. 시대가 나아가는 방향입니다.

그래서 내가 국회에 나가면 국회의원들에게 "국회의원들 공부 좀 해라. 왜 표만 생각하고 공부를 안 하냐. 공부를 안 하니까 국회 의사당이 골빈당이 되지 않느냐"라고 합니다. 공부를 안 하니까 이리 쏠리고 저리 쏠리고 하는 것이 아니겠습니까? 그러면 안 되잖아요.

크리스천이 된다는 것은 성령의 감동으로 성경적 가치관을 삶으로 실천해야 합니다. 그런 값어치 있는 크리스천이 되어야 합니다.

여호와를 하나님으로 삼은 나라!
하나님의 뜻으로 다스려지는 나라!
거기에 헌신하는 교인!

거기에 복이 있다. 아멘! 그런 일에 우리가 발 벗고 나서는 용감한 크리스천 될 수 있게 되기를 바랍니다. 기도하겠습니다.

하나님 감사 감사합니다. 미국이나 한국이나 나라가 어려운 때에 말씀의 능력으로 우리가 일어서서 "일어나라 빛을 발하라"는 여호와의 말씀대로 바른 나라, 바른 사회, 밝은 미래를 함께 이루어가게 하여 주시옵소서. 로스엔젤스에 살아가는 귀한 코리안 크리스천들에게 비전을 주시고 시대 정신을 몸으로 깨달아서 이 나라 바로 세우고 미국을 좋은 방향으로 이끌어 가는 일에 기도로 실천으로 기업으로 쓰임받게 하여 주시옵소서. 예수님 이름 받들어 기도드렸사옵나이다. 아멘.

덴버 드림교회

회복과 부흥의 길
새벽을 깨우는 신앙

13
회복과 부흥의 길

대단히 반갑습니다. 여러분 보기만 해도 마음이 흐뭇합니다. 여러분도 날 보면 좋습니까? 네 교회 오면 편안해야 합니다. 이태리 말로 페카토 모르탈레 Peccato Mortale라는 말이 있습니다. "용서받지 못할 죄"라는 의미를 가지고 있습니다. 이승과 저승에서 용서받지 못할 죄를 페카토 모르탈레라고 하는데 이태리 사람들은 두 가지를 꼽습니다.

첫째는 공무원이 국가 예산을 낭비하는 죄입니다.
둘째는 비즈니스 하는 사람이 이익을 남기지 못하는 죄입니다.

난 한 가지를 더 밀합니다. 목사가 교인을 지루하게 하는 죄! 교회는 신바람 나고, 즐겁고 예수 믿는 것이 행복해야 합니다. 나는 그래서 예수 믿는 것은 세 가지가 중요하다고 이야기합니다.

첫째, 심플하게 살아야 합니다. 한국은 좀 복잡해요. 내가 뭔 말을 했더니 그 말하는 저의가 뭐냐고 해요. 그래서 내가 그 말 그대로 받지, 왜 또 저의를 찾냐? 왜 사람이 그렇게 꽈배기처럼 꼬였냐고 했습니다.

둘째, 행복해야 합니다. 행복하게 살다가 천국의 행복을 누립시다.

셋째, 다른 사람을 배려해야 합니다. 배려配慮는 짝지을 배, 생각할 려입니다. 부부가 같이 살아도 상대방을 배려해야 합니다.

나는 트럼프 미국 대통령이 열심히 한다고 합니다만 한 가지 고개를 갸우뚱하는 것이 캐나다 사람들에 대해서, 진담은 아닌 것 같습니다마는 캐나다가 미국의 5번째 주로 들어오면 되지 않냐고 했는데 캐나다 사람들이 굉장히 자존심이 상했을 거라고 생각했습니다. 그게 배려가 아니잖아요? 상대에 대해서 높여주고 인정해 줘야 자존심을 높여 주는 거지 그렇게 말해 버리면 캐나다 사람들이 마음에 응어리가 지지요.

우리 교회에서도 말을 잘못하면 상대방이 한을 품어요. "두고 보자" 이러지요. 특별히 교인들은 술 담배를 안 하기 때문에 한번 딱 어그러지면 펴지를 않아요. 불신자들은 그저 막걸리 한 잔에 풀어 버리는데 우리는 만날 맨정신이에요. 맨날 맨정신이니까 한번 두고 보자고 꼬부라지면 이건 뭐 신약도 안 들고 구약도 안 들고, 신약 구약이 안 들으면 쥐약이나 농약 먹어야 하지요. 행복하게 살고, 심플하게 살고, 사람들을 배려하고 삽시다.

기독교에는 세 가지 보배가 있습니다.

첫째는 사도신경, 둘째는 십계명, 셋째는 주기도문입니다.
사도신경은 무엇을 믿을 것인가?
십계명은 어떻게 살 것인가?
주기도문은 짧지만, 사도신경과 십계명을 합친 것이 주기도문입니다.

무엇을 믿을 것인가, 그 신앙 고백에 네 기둥이 있습니다.

집을 세우는데 네 기둥이 중심이지요. 네 기둥이 딱 집을 받치고 있습니다.

첫째는 창조 신앙입니다. 둘째는 임마누엘 신앙입니다. 하나님이 늘 나와 함께 하신다. 임마누엘이지요. 세 번째는 십자가 신앙입니다. 고린도전서 1장 18절에서 바울이 내가 십자가 외에는 자랑할 것이 없다고 말했지요. 네 번째는 부활 신앙입니다.

창조신앙이 참 중요합니다. 미국은 땅이 넓고 자원이 많아서 석유도 풍부하고 또 땅속에 퍼져 있는 셰일 오일 shale oil 이 어마어마하게 많답니다. 내기 전문가에게 들으니, 미국이 500년 쓸 수 있는 양이라고 합니다. 내가 미국에 다니다가 열 받아요. 하나님이 부동산을 좀 골고루 주셔야지요. 캘리포니아에 가니까 위에는 소가 풀 뜯어 먹는데 또 땅 밑에 있는 석유를 퍼 올리는 펌프들이 즐비합니다.

한국에 이런 벌판 하나만 줬어도 우리가 좀 덜 싸우고 살 텐데요. 그러니까 참 축복된 땅이지요. 그런데 한국은 땅이 좁고 자원이 없어요. 한국을 무자원 국가라고 합니다. 그래서 한국은 예수 잘 믿어야 합니다. 왜냐하면 성령 받고 말씀 깨닫고 하면 창조적인 사람이 됩니다. 창의력이 생기는 거예요.

하나님의 창조 능력을 우리가 받으면 자원이 없어도 부요한 삶을 살 수 있습니다. 창조 신앙이 참 중요합니다.

두 번째는 어떻게 살 것인가에 대해 말씀드리고 싶습니다.

여러분 이민 생활이 바쁘지 않습니까? 그러니까 성경 볼 시간이 적을 것 같아요. 그러나 신앙생활에는 날마다 빠지면 안 되는 것이 두 가지가 있습니다. 아무리 바빠도 성경을 꼭 읽어야 합니다. 그리고 기도하는 시간을 꼭 가져야 합니다.

기도를 꼭 집에서 눈 감고 해야 기도가 아닙니다. 운전하면서도 기도하고 그리고 뭐 시간마다 틈틈이 기도하면 되지요. 내가 요즘은 미국에 자주 못 오지만 전에 미국을 여러 번 와 보니까, 성도님들이 열심히 사는 것은 참 고마운 일인데 말씀이 짧은 거 같아요. 말씀에 깊이 들어가지 못하면 우리 영성의 깊이가 약해집니다. 영성의 깊이가 약해지면 영적 충족감이 떨어집니다. 예수 믿는 것이 마음이 든든하고 흔들림이 없어야 합니다.

세계 3 종단을 기독교라고 합니다. 첫째는 로만 가톨릭, 천주교지요. 두 번째는 동방 정교회인데 그리스, 러시아가 중심입니다. 세 번째는 프로테스탄트 처치, 개신교입니다. 천주교회나 정교회나 개신교가 추구하는 이 시대에 공통된 주제가 있습니다.

첫째는 영성 spirituality 입니다. 둘째는 사람들이 마음에 병이 많아서 치유입니다. 세 번째는 모두 개인주의로 나가니까 공동체입니다. 교회 공동체가 모든 세상 공동체의 대안alternative입니다. 세상 공동체는 이권을 따라 모이지만 성령 공동체는 진리를 기준으로 서로 배려하고 사랑하고 천국까지 같은 길을 가는 공동체 아닙니까?

그래서 영성과 치유와 공동체를 합치면 교회가 치유하는 영성 공동체입니다. 이것이 성경에 압축되어 있습니다. 성경은 위대합니다. 성경을 삶의 기준으로 삼아야 합니다.

대한민국 국회의원들이 머리가 비었어요. 맨날 표만 따라가니까 머리가 비었습니다. 이런 국회의원이 국회 의사당에 앉아 있으면 국회 의사당이 골빈당이 되는 거예요. 그렇죠, 골빈당이 돼요. 예배당에도 여러분이 말씀 안 읽고 맨날 골프 치고 텔레비만 보다가 교회 모이면 교회가 무슨 당이 되지요? 골빈당이 되는 거예요.

그러니까 우리가 정신 바짝 차려야 합니다. 왜냐하면 행복하게 살려면 속에 콘텐츠가 있어야 합니다. 어떻게 사느냐? 무엇을 하고 사느냐? 삶에 대한 의미가 확실하게 서 있어야 합니다. 그래야 마음이 든든하지요.

나는 한국에서 동두천 산골에 살아요. 산골에 사는데, 동두천에 우리 땅이 한 8만 평쯤 됩니다. 그 산에 이제 우리가 마을을 이루고 사는데, 농사도 짓고 약초도 키우고 또 학교도 세워 아이들과도 함께 삽니다. 산골짝에 살아도 행복합니다. 부러운 게 없어요. 내가 사는 자체가 콘텐츠가 있으니까요. 이렇게 살아야지 생각하고 그걸 실천하고 사니까 행복한 거예요. 겉으로 보면 행복할 거 아무것도 없어 보여도 행복하게 삽니다. 여러분도 덴버에서 행복하게 살기 바랍니다.

14
새벽을 깨우는 신앙

성경에 많은 인물이 나오는데 내가 제일 좋아하는 인물이 사무엘입니다. 내가 그 사람을 좋아한다. 본받고 싶다 할 때, 영어로 아이덴티파이 identify 한다고 합니다. 나는 한국 교회 목사로서 사무엘 선지를 아이덴티파이 하고 싶은 거예요. 실제는 잘 못하지만 마음의 소원이 그래요. 기업에서는 벤치마킹한다고 합니다.

사무엘의 어떤 점을 아이덴티파이 하고 싶으냐 하면 세 가지입니다. 내가 성경을 읽으면서 사무엘의 세 가지를 본받으면 한국에서 좋은 목사로서 살지 않겠냐, 또 내가 행복하게 살지 않겠나 생각합니다. 목사가 행복해야 교인들도 행복하게 하지 않겠습니까? 목사가 우울증 걸려 놓으면, 우울증도 전염성이 있어요. 교인들까지 우울증 걸리면 그건 예수 믿으나 마나지요.

내가 사무엘을 본받고 싶다고 하는 것의 첫째가 무엇이냐?

사무엘이 온 이스라엘에게 이르되 보라 너희가 내게 한 말을
내가 다 듣고 너희 위에 왕을 세웠더니 (사무엘상 12장 1절)

사무엘을 킹메이커라고 합니다. 사무엘의 시대는 사사 시대였습니

다. 그런데 사사 시대는 무정부 시대였습니다. 사무엘이 사사 시대의 영적 지도자인데 국민들이 와서 왕을 세워 달라고 했습니다. 그래서 처음에는 사울을 왕으로 세웠는데, 사울이 왕이 되기 전에는 굉장히 겸손하고 잘했는데 왕이 되고 나니까 어깨에 힘이 들어갔어요. 그러니까 하나님의 뜻대로 안 하는 거예요. 그래서 사울 왕은 아직 왕 자리에 있는데 다시 왕을 세웠습니다. 바로 다윗입니다. 다윗에게 기름을 부어 다음 왕으로 세웠습니다. 미래 권력을 세운 것입니다.

나는 대학 시절에 친구들이나 집안 사람들이 나에게 정치를 하라고 했습니다. 내가 정치에 소질이 있어 보인다고 정치를 하라고 했는데 나는 정치는 지나가는 거지만 영원한 것은 성직자 아니겠냐고 성직자를 선택했는데 참 잘했어요. 최고로 잘한 선택이라고 생각합니다. 목사가 내 체질에 잘 맞습니다. 그 대신에 내가 정치가를, 대통령을 세우는 일을 할 수 있겠다고 해서 내가 맨 처음 세운 사람이 이명박 대통령입니다.

나 때문에 된 건 아니지만 많이 도왔는데 대통령이 된 뒤에는 조금 마음에 덜 들더라고요. 대통령이 되니까 참모들에 둘러싸여서 좀 달라져요. 그래도 뭐 훌륭한 대통령 했지요. 2007년 경제 위기도 넘기고 또 4대 강 개발도 하고 잘했습니다.

내가 청계천에서 빈민 선교할 때 제정구라는 서울대학 출신을 넝마주이도 같이하면서 좋은 정치인, 대통령으로 세우려고 생각했습니다. 그런데 이 사람이 담배를 너무 피웠어요. 꼭 식사하고 나면 "식후 3초 불열이면 심장사다" 이런면서 담배를 피웠어요. 식사 끝나고 3초 안에 담배 안 피우면 심장병으로 죽는다는 겁니다. 내가 아무리 담배를 끊으라 해도 안 돼요. 결국은 폐암으로 죽었습니다.

그때 국회의원 하던 제정구가 폐암으로 죽기 전에 날 보자고 해서 병원에 찾아갔더니 딱 한 마디 하고 죽었어요.

"형님 내가 좋은 세월 만들고 싶었는데"

지금 살아 있었으면 노무현이 대통령 안 되고 제정구가 대통령 되었을 것 같아요. 요새는 나라가 뒤숭숭하니까 내가 한 사람을 대통령 만들어야지 생각하고 있습니다. 사무엘이 다윗을 만들었듯이 그 사람을 대통령 세워야지 하고 생각하는 사람이 있습니다. 그 일 때문에 내가 이번에 여행도 당겨서 귀국 하려고 합니다. 중요한 일이잖아요.

> 이제 왕이 너희 앞에 출입하느니라 보라 나는 늙어 머리가 희어졌고 내 아들들도 너희와 함께 있느니라 내가 어려서부터 오늘까지 너희 앞에 출입하였거니와 내가 여기 있나니 여호와 앞과 그의 기름 부음을 받은 자 앞에서 내게 대하여 증언하라 내가 누구의 소를 빼앗았느냐 누구의 나귀를 빼앗았느냐 누구를 속였느냐 누구를 압제하였느냐 내 눈을 흐리게 하는 뇌물을 누구의 손에서 받았느냐 그리하였으면 내가 그것을 너희에게 갚으리라 하니(사무엘상 12장 2~3절)

사무엘은 성직자로 있으면서 깨끗하게 살았습니다.

이스라엘의 영적 지도자로 한 시대를 이끌면서 어떤 이권이나 청탁이나 뇌물에 관여함이 없이 Mr. Clean으로 살았습니다.

내가 『새벽을 깨우리라』라는 책을 썼는데 이 책이 일본에서 출판되어 베스트셀러가 되었습니다. 일본 독자들이 나를 일본에 초청해서 도쿄에 갔었습니다. 숙소를 정했는데 방을 정하자마자 전화가 왔어요. 전화를 받았더니 "김 목사 데스까"이러는 겁니다. 그래서 내가 김 목사라고 했더니 자기는 재일 동포 누구라고 이름을 대면서 잠시 방문해도 되겠냐고 해서 오라고 했습니다.

50살 정도 된 신사가 왔는데, 하는 말이 "김 목사님 우리 교포들이 김 목사께서 하는 빈민 선교에 공감해서 모금해서 이걸 드리려고 왔습니다"하면서 봉투를 내놓았습니다. 내가 그때 빈민 선교 하다가 빚을 졌어요. 빚이 한 4천만 원이나 되어서 빚 갚는 문제가 심각했는데 그 사람이 가져온 돈이 계산해 보니까 4천만 원 정도 되었습니다.

그때 내가 얼마나 기분이 좋겠습니까. 그래서 그 사람이 주는 돈을 받다가 마음에 순간적으로 뭐가 딱 걸렸어요. 일본에는 조총련도 있고 북한도 왔다 갔다 할 수 있는데, 이 돈을 잘못 받으면 문제가 되지 않을까 하는 생각이 났습니다.

그때 내가 정치범이었습니다. 가석방 상태라 이 돈을 잘못 받았다가는 문제가 생길 수 있겠다고 했는데 지나고 보니까 성령님이 그렇게 가르쳐 준 거 같아요. 그래서 내가 한숨을 쉬면서 "참 감사합니다만 혹시 문제가 생길지 모르니까 이걸 주시려면 우리 교회로, 헌금으로 정식 송금을 해 주세요. 개인적으로 받으면 문제가 생길 수 있습니다"라고 했더니, 아 그렇게 심각합니까? 그러고는 돈을 다시 자기 주머니에 넣더라고요.

그때 내가 다시 받고 싶어서 입에서 손이 나올 지경이었어요. 얼마나 아깝겠습니까? "아 그냥 받을 걸 그랬나" 생각하는데 그 사람이 인사하고 나갔습니다. 내가 다시 부르고 싶은 것을 억지로 참았습니다.

그런데 내가 일본 여행을 마치고 김포공항에 내려서 세관 조사하는데 가는 중간에 어떤 신사가 기다리고 있다가 "김진홍 목사님 잠깐 뵙시다."라고 해서 내가 "무슨 일이 있어요?"라고 했더니 자기가 중앙정보부 요원이라고 합니다.

공항에 중앙정보부 분실이 있는데 그 책임자였습니다. 나를 자기 방에 데려가더니 "김 목사님 일본 호텔에서 받은 돈 내놓으십시오" 이러는 거요. "당신이 어떻게 알았어요? 내가 다 돌려줬는데" 그러니까 "그러지 말고 내놓으십시오. 우리가 다 자료가 있습니다" 그래요.

"사실은 좀 의심스러워서 내가 다시 돌려주고 교회로 송금하라 그랬습니다."

사실이면 짐 검사해도 되겠냐고 해서 짐 검사하고 주머니 검사해도 진짜 없으니까 그 사람이 웃으며 말했습니다.

"목사님 참 잘했습니다. 그 사람이 북한 비밀 요원입니다."

그 사람이 공작금으로 준 건데 중앙정보부에서 이미 정보를 파악하고 있었던 겁니다. 정보부 책임자가 친구 교회 안수집사여서 아침에 사무실에 나올 때 김진홍 목사에게 사고 안 생기도록 기도했는데 내가 정말 안 받았다 하니까 뭐 얼굴이 확 피더라고요.

그 뒤로 내가 모든 돈에는 족보가 있다. 괜히 잘못 받고, 잘못 거래하다가는 인생 망가진다는 생각을 갖게 되었습니다. 이 일이 나에게 큰 교훈이 된 것입니다.

사무엘이 왜 훌륭하냐? 지도자로서 깨끗하게 살았어요. 부정한 거에 일체 관여 안 했습니다. 나이 들어가면서 느끼는 것이 있습니다. 깨끗하게 사는 것이 행복한 겁니다. 여러분 미스터 크린으로, 미세스 크린으로 삽시다. 내가 한 말 기억하십시오.

"모든 돈에는 족보가 있다."

나는 사무엘의 이 점을 아이덴티파이 하는 겁니다.

"깨끗하게 살아야지!"

사무엘상 12장에 사무엘의 은퇴 설교가 나옵니다. 그 자리에서 그는 말합니다.

"내 평생에 경우를 벗어나 처신한 적이 있느냐? 뇌물에 관여한 적이 있느냐? 권한을 남용한 적이 있느냐? 그런 적이 있으면 말해 주라. 내가 보상하고 은퇴하겠노라."

물론 그 자리에 있었던 회중들이 답하였습니다.

"당신은 그런 적이 전연 없습니다."

참으로 아름다운 장면입니다. 그가 역사의 전환기에 지도자로 살아가면서 최고로 명예로운 삶을 살았음을 드러내 줍니다. 깨끗한 삶과 순수함을 지켜 나가는 삶이 세월이 갈수록 자신을 빛나게 하여 줍니다. 그런 점에서 나는 사무엘을 본받고 싶습니다.

두 번째 사무엘이 무엇이 훌륭하냐?

전 국민적인 지지를 받아서 왕이 될 수 있는데 안 하고 왕을 세운 거지요. 나도 지난번에 어떤 당에서 국회의원 전국구 3번 해 달라고 요청이 왔어요. 그래서 내가 학교 다닐 때도 2등을 안 했는데 왜 3등 하냐고 뭐라 했습니다.

"아이고 목사님, 전국구 3번이면 50억 내고 하는 자리입니다"라고 해서 그러면 50억 받아 당에서 잘 쓰시고 나는 그 당 대표가 가끔 전화해 주면 내 의견을 말해 주겠다고 했습니다. "목사가 국회의원 하는 건 안 어울려요. 내 생각은 대통령 위에 목사가 있어요"라고 하면서 사양을 했는데 지나 보니까 참 잘한 것 같습니다.

내 분수를 지키고, 영적 지도자로서 자기 자리를 지킨다는 것이 참 중요합니다.

내가 정말 사무엘을 본받았으면 하는 세 번째 이유가 있는데 내가 보는 관점으로는 사무엘의 일생 중에 가장 중요한 업적이라 생각합니다.

다윗이 도피하여 라마로 가서 사무엘에게로 나아가서 사울이 자기에게 행한 일을 다 전하였고 다윗과 사무엘이 나욧으로 가서 살았더라(사무엘상 19장 18절)

사무엘이 다윗을 미래 권력으로, 왕으로 안수하자 사울 왕이 다윗을 잡아서 없애려고 하고 다윗은 도망 다닙니다. 그런데 이스라엘이 한국으로 말하면 경상남북도만 하게 좁은데 특공대 3천 명을 풀어 다윗을 잡아서 없애라고 하니 다윗이 피할 데가 없어 이리저리 도망 다니다가 사무엘에게 찾아갔습니다.

사무엘이 은퇴한 뒤에 예루살렘에서 북쪽으로 한 5km 떨어진 고향 라마에 가서 노후를 보냈습니다. 보통 사람 같으면 손자들 재롱이나 보고 친구들과 장기나 두고 이렇게 보낼 텐데 사무엘은 달랐어요. 은퇴한 후에 진짜 일하는 겁니다.

은퇴한 후에 청년들을 모아서 낮에는 같이 노동해서 자립하고 저녁에는 합심 기도하고 민족의 나갈 길을 하나님께 아뢰는 공동체를 만들었습니다. 근데 그 공동체가 라마에 있었으니까 〈라마-나욧〉이라 불렸습니다.

사무엘이 은퇴한 노후에 세운 이 공동체가 이스라엘 역사에 위대한 역할을 하게 되었습니다. 이스라엘의 예언자 운동의 발상지가 되었고 메시아적 정치를 꿈꾸는 못자리판이 되었습니다.

이 라마-나욧 공동체에 다윗이 찾아왔습니다. 사울 왕에게 미움을 받아 쫓기는 사정을 들은 사무엘은 다윗을 라마-나욧 공동체에서 살게 하였습니다.

> 어떤 사람이 사울에게 전하여 이르되 다윗이 라마 나욧에 있더이다 하매(사무엘상 19장 19절)

다윗이 라마-나욧에 살고 있다는 정보가 즉시 사울 왕에게로 들어갔습니다. 그러나 사울 왕은 사무엘의 국민적 존경이 워낙 깊은지라 나욧 안으로 들어가 다윗을 체포하지 못하고 밖에서 지키고만 있었습니다. 사무엘이 워낙 노쇠한지라 사무엘이 죽기를 기다렸습니다.

드디어 사무엘이 죽자, 밖에서 지켜보는 사람들이 알기 전 다윗은 도망하였습니다. 도망간 그는 우여곡절을 거쳐 아둘람 굴로 찾아가 숨었습니다. 그곳이 이스라엘의 미래의 역사를 만드는 곳이 되었습니다.

> 그러므로 다윗이 그 곳을 떠나 아둘람 굴로 도망하매 그의 형제와 아버지의 온 집이 듣고 그리로 내려가서 그에게 이르렀고 환난 당한 모든 자와 빚진 모든 자와 마음이 원통한 자가 다 그에게로 모였고 그는 그들의 우두머리가 되었는데 그와 함께 한 자가 사백 명 가량이었더라(사무엘상 22장 1~2절)

내가 이스라엘 성지순례 가서 일부러 찾아갔습니다. 입구는 조그만

해서 그냥 짐승이 드나드는 굴인데 잡목에 가려져 굴이 안 보입니다. 거기로 들어가면 속에 또 밑에 구멍이 있어서 굴이 하나 더 있어요. 거기에 다윗이 숨어 있는 겁니다.

그런데 다윗이 아둘람 굴에 숨어 있다고 소문이 나니까 사람들이 모였습니다. 누가요? 환난 당한 모든 자, 빚진 모든 자, 마음이 원통한 자 400명입니다. 이곳에 모인 400명이 다윗 왕국을 건설했습니다. 그래서 나중에 다윗 왕국의 참모총장, 대제사장이 전부 아둘람 굴 출신들입니다. 뜻을 가지고 모인 사람들이 역사를 만듭니다.

우리 덴버 드림 교회도 이들처럼 하나님을 뜨겁게 믿고 미국과 코리아를 위해서 뜻을 가진 사람들이 모이기를 바랍니다. 그럼 이곳이 아둘람 굴이 되는 것입니다. 덴버 드림 아둘람 굴.

내가 한국에 동두천 산속에서 두레 마을을 하는데 늘 기도합니다.

여기노 400명 모이게 해 주십시오. 통일 한국 시대에 대한민국이 성서 한국, 통일 한국, 선진 한국 되는 일에 쓰임 받는 인재들이 모이게 해 주십시오.

참 귀한 일이지요. 그거 생각하면 가슴이 띕니다. 밤에도 잠들기 전에 그 생각하고 잡니다. 그런데 그 400명이 모여서 굴 속에 숨어 가지고 사는데 어떻게 거기서 위대한 역사가 만들어졌느냐? 시편 57편입니다. 시편 57편 꼭 찾읍시다. 그래서 성경은 이렇게 연결이 되어 서로 의미가 연결되면 뜻이 깊어집니다.

그 굴속에 숨어 살면서 무엇을 기도하고, 무엇을 생각하고, 꿈꿨느냐가 시편 57편입니다. 시편 57편 때문에 그들이 위대한 역사를 만들었습니다. 그 위대한 다윗 왕이 거기서 배출되었습니다. 생각만 해도 가슴이 뿌듯합니다.

한국 교회가 이번에 그걸 해야 합니다. 이번에 윤석열 대통령이 탄핵으로 끝났지만, 윤석열 대통령이 큰 공로를 했어요. 역사에 남을 일을 했습니다. 윤석열 대통령 때문에 교인들이 깨어났어요. 크리스천들이 광화문에서, 여의도에서, 전국의 32개 도시에서 토요일마다 나라를 위해서 기도회를 했습니다.

그리고 20대 30대 청년들이 깨어났습니다. 2030세대 청년들이 나라에 대해서 관심이 없었는데, 윤석열 대통령이 감옥가는 것을 보니까 청년들이 의식이 생겨서 그 청년들이 깨어나 몇만, 몇십만 명이 모였습니다. 내가 밤 10시에 한남동 대통령 관저에 한 번 나가 봤더니 20대 30대 청년들이 "자유민주주의 지키자", "윤석열 대통령 지키자"라며 새벽까지 모여서 외치고 있었습니다.

기특해서 대학생 한 명 붙들고 자네는 추운 날씨에 어째 여기에 이렇게 고생하고 있냐고 했더니 그 대학생이 "어르신네, 윤석열 대통령 때문에 나온 거 아닙니다. 이 나라의 자유민주주의 지키려고 나왔습니다"라고 대답했습니다.

얼마나 고맙던지 내가 나이든 사람이 뭐 해 줄게 없냐고 했더니 추우니까 따끈따끈한 오뎅 국물이 좀 먹고 싶다고 해서 급하게 오뎅 국물 2,000명분을 두 번 보냈습니다. 청년들이 깨어난 것이 보통 일이 아닙니다. 그 청년들을 보면 우리나라가 희망이 있습니다. 내가 이번에 한국 떠나기 전날 또 세종시에 가서 그 청년들이 모인 데서 설교 하고 왔습니다. 우리나라가 지금은 굉장히 복잡하고 시끄럽지만 희망이 있는 나라입니다. 청년들이 깨고 교인들이 깨면 나라가 됩니다.

각 교회가 '우리는 이 시대의 아둘람 굴이다'라고 생각하면 반드시 이 나라는 희망이 있습니다. 잘 됩니다.

시편 57편에서 네 가지를 딱 마음에 새겨야 합니다.

하나님이여 내게 은혜를 베푸소서 내게 은혜를 베푸소서 내 영혼이 주께로 피하되 주의 날개 그늘 아래에서 이 재앙들이 지나기까지 피하리이다(시편 57편 1절)

다윗과 무리 400명은 굴에 숨어 있다고 생각하지 않고 하나님의 품에 피하고 있다고 생각했습니다. 차원을 넘어서는 겁니다. 믿음의 사람, 성령의 사람들은 세상적인 조건을 넘어섭니다. 어떤 자리에 있어도 하나님의 품속이라고 생각합니다. 이런 영적 자각이 있으면 굶어도, 고생해도 하나님의 품속에서 보호받고 있다고 고백할 수 있습니다.

내가 지존하신 하나님께 부르짖음이여 곧 나를 위하여 모든 것을 이루시는 하나님께로다(시편 57편 2절)

다윗은 자기를 죽이려는 사울을 상대하지 않고 하나님을 상대했습니다. 다윗은 사울은 무시해 버렸습니다.

"하나님께서 나를 통해서 이 시대에 하니님의 일을 이 땅에 이루실 줄 믿습니다."

얼마나 위대한 비전입니까? 얼마나 확실한 확신입니까? 사울이 자기를 그렇게 죽이려 해도 상대하지 않고 하나님이 나를 이 시대, 이 역사 속에서 쓰신다는 것을 믿었습니다. 아 정말 멋있지요.

주여 내가 만민 중에서 주께 감사하오며 뭇 나라 중에서 주를 찬송하리이다(시편 57편 9절)

다윗과 함께한 무리는 그 땅굴 속에 숨어서 먹을 물도, 양식도 부족한데 어떻게 살았을까요? 짜증 나고 힘들 텐데도 감사와 찬송을 하고 있습니다. 왜 그렇게 할 수 있느냐? 힘들고 배고프고 짜증 날 텐데 감사와 찬송할 수 있는 이유를 고백합니다.

하나님이여 내 마음이 확정되었고 내 마음이 확정되었사오니 내가 노래하고 내가 찬송하리이다 내 영광아 깰지어다 비파야, 수금아, 깰지어다 내가 새벽을 깨우리로다(시편 57편 7~8절)

하나님이 주신 미션, 사명에 내 마음이 정해졌기 때문입니다. 확실히 내 목숨을 걸 수 있는 미션이 정해졌습니다. 무슨 미션이냐?

"내 영광아 깰지어다 비파야, 수금아, 깰지어다
내가 새벽을 깨우리로다"

많이 듣던 얘기지요. 어두운 역사의 새벽을 깨운다. 이 본문대로 말하면 새벽은 그냥 오는 것이 아니라 누군가가 새벽을 깨워야 합니다. 밤이 왜 깊습니까? 새벽이 오기 때문입니다. 하나님의 사람들이 새벽을 깨우는 것입니다.

일어나라 빛을 발하라 이는 네 빛이 이르렀고 여호와의 영광이
네 위에 임하였음이니라(이사야 60장 1절)

내가 가장 좋아하는 말씀입니다. 여러분 이런 말씀 붙들고 신나게 예수를 믿읍시다.
『내가 새벽을 깨우리라』라는 책을 쓴 이유가 있습니다. 내가 청계천 빈민촌에서 일할 때 환자들이 많았습니다. 그중에 훈이 엄마라고 있었습니다. 남편을 사고로 잃고 아이들을 데리고 혼자 사는데 몸이 약했습니다. 훈이 엄마가 서울 장안들 비닐하우스에서 일하면서 살아가는데 같이 일하던 아줌마들이 나에게 와서 도움을 청했습니다.
"전도사님요, 훈이 엄마 좀 도와 주시라요."

"훈이 엄마에게 무슨 사고라도 있나요?"

"일하다가도 배가 아프다 하고요. 구토가 나고요. 자꾸 어지럽데요."

"병원에 갈 것도 없네요. 다 아는 병이네요." 하였더니 아줌마들이 "아니, 다 아는 병이라니요. 뭔 병인지 병원에 가보지도 않고 어찌 아신다요." 하길래 "아는 병이지 뭐, 임신한 거지요. 증세를 들으니 틀림없이 임신이잖아요. 이왕 임신한 거 교회에서 키워줄 테니 지우지 말라고 하세요" 하고 자신 있게 말했습니다.

그런 대화를 나누고 헤어졌는데 며칠 후 넝마주이 하는 뚝섬까지 아줌마 둘이 숨 가쁘게 찾아왔습니다.

"전도사님, 훈이 엄마가 시금치밭에서 일하다 쓰러졌어요. 전도사님 불쌍한 훈이 엄마 좀 살려주세요."

얼굴이 파리한 채로 배를 움켜쥐고 신음하고 있는 훈이 엄마의 모습이 심상치 않아 보여 택시에 태우고 을지로 6가에 있는 메디칼센터로 갔더니 엑스레이부터 찍으라 해서 엑스레이실로 갔더니 수납에 비용을 치르고 오라 하는데 돈을 없어 사진 부터 찍어주면 돈을 가져오겠다고 해도 외상은 없다고 거절했습니다.

서울대학 병원을 거쳐 이화여대 부속 병원을 갔으나 받아주는 병원이 없어 결국 그냥 나왔는데 이미 5시가 넘었습니다. 내일 다시 길을 찾아보아야겠다는 생각으로 판자촌으로 돌아가려는데 주머니에 돈이 떨어져 버스비조차 없었습니다.

나는 동대문 로터리 종합운동장 앞의 버스 정류장에서 환자를 업은 채 차장 아가씨께 부탁했습니다.

"아가씨, 병원 돌다 차비가 떨어졌네. 그냥 좀 태워줄 수 없을까?"

차장 아가씨는 매몰차게 "아저씨, 퇴근 시간에 발 디딜 틈도 없는데 어떻게 환자 델꼬 공짜로 타려 해요. 뜸해진 뒤에 타시라요." 하며 버스 문을 닫아버렸습니다.

나는 하는 수 없이 훈이 엄마를 업고 걸었어요. 점심도 굶었지요, 지쳤지요, 업고 가려니까 힘들잖아요. 그런데 훈이 엄마가 등에 바짝 붙어서 쉽게 걸어갈 수 있도록 협조를 해 주어야 하는데 자꾸만 뒤로 제쳐지니 힘이 들어 화가 났습니다.

"훈이 엄마, 등에 딱 붙어 주세요. 우리끼리 내외합니까? 바짝 붙으세요."

그러면서 뒤로 쏠리는 몸을 추슬러 등에 붙여서 걸으면 얼마 가지 않아 다시 뒤로 제쳐지곤 하여 너무 화가 난 나는 성동소방서 마당에 이르러서 소방서 마당에 떨어뜨려 버렸습니다. 그런데 가만히 보니까 죽었어요. 이미 죽어서 자꾸 제쳐지는 것을 내가 떨어뜨렸으니 얼마나 마음이 아프겠습니까?

나라에서 세운 병원도, 교회가 세운 병원도 훈이 엄마 한 사람 받아주는 곳 없는 세상이 얼마나 화가 나고 원망스러운지 그냥 휘발유 뿌리고 확 불 질러 버리고 싶은 마음이 솟았습니다.

한참이나 훈이 엄마 곁에 멍하니 앉았다가 죽은 사람을 업고 가다가 또 힘들면 끌고 가며 판자촌으로 갔습니다. 한양대학을 지나 성동교 다리 중간쯤에 이르러서는 더 갈 수 없을 만큼 기운이 떨어져 다리 난간에 시체를 걸쳐 놓은 채로 그 곁에 넋을 놓고 앉아 있었습니다. 이미 날이 어두워져 헤드라이트를 켠 채 오고 가는 자동차들이 줄줄이 이어졌습니다.

그때 내가 하나님의 음성을 들었습니다. 내 평생의 뼛속에 박힌 말입니다. 지금도 잊을 수가 없습니다.

"네 등에 죽은 그 여인이 십자가에 죽은 나 예수다."

나는 쇼크를 먹고 얼마나 놀랐던지 죽은 여인 곁에 무릎을 꿇었습니다. 그리고 시체에 절하며 말했습니다.

"예수님, 나의 주인 되시는 예수님 알겠습니다. 예수님을 잘 모시지 못해 죄송합니다. 앞으로 잘 모시겠습니다."

그러고는 성동교 다리 위의 가로등 불빛 아래서 성경을 펼쳐 다음 구절을 찾아 읽었습니다.

"하나님이여 내 마음이 확정되었고 내 마음이 확정되었사오니 내가 노래하고 내가 찬송하리이다 내 영광아 깰지어다 비파야, 수금아, 깰지어다 내가 새벽을 깨우리로다"
(시편 57편 7~8절)

나는 그 자리에서 무릎을 꿇은 채 쏟아지는 눈물을 훔치며 다짐

했습니다.

이런 어두운 역사에서 새벽을 깨우는 일꾼이 되겠다. 서럽고 슬픈 영혼들을 위하여 희망의 새벽을 깨우는 그릇이 되겠다.

그래서 그 후로 〈새벽을 깨우리로다〉는 나의 사명이 되었고, 나의 삶의 목표가 되었고, 살아가야 할 이유가 되었습니다.

복음은 백성들의 희망이고 세계의 미래입니다. 여러분! 북한 땅의 백성들, 남한 땅의 백성들, 세계 처처의 백성들을 위해 우리 크리스천들이 새벽을 깨우는 미션을 담당해야 합니다. 미션을 잘 담당하겠다는 마음의 확정이 있어야 합니다. 우리가 그런 사명감을 가지고 열심히 살아가기를 바랍니다.

덴버 신학교

목민 신학

15
목민 신학

오늘날 한국 교회가 힘을 쓰지 못합니다. 영적으로 성령의 흐름이 막혀서 교회가 힘을 쓰지 못합니다. 혈관이 막히면 온갖 병이 오듯이, 교회가 자체 모순에 갇혀서 세상으로 뻗어 나가 빛과 소금의 역할을 감당하지 못하게 됩니다.

목사, 장로, 집사들이 다투고만 있으면 복음이 교회 울타리를 넘지 못하고 교회 밖의 세상에 대해 빛과 소금이 될 여유가 없게 됩니다. 그러면 하나님이 그 시대에 교회를 쓰시지 못하지 않습니까? 이러면 교회는 한계에 부딪혀 버리고 쓸모없는 교회가 됩니다. 요한 계시록에 보면 그런 교회는 직분을 감당하지 못하니까 "네 촛대를 그 자리에서 옮기리라"고 하십니다.

그래서 2천 년 교회 역사를 쭉 보면 때를 따라 성령께서 촛대를 옮깁니다. 안디옥 교회가 소임을 감당하다가 제구실을 못 하니 다른 곳으로 옮기는 겁니다. 아시아 일곱 교회가 지금은 전부 이슬람 지역이고 그 일곱 교회의 유적이 황폐해져 있습니다. 바로 촛대가 옮겨진 것입니다. 그 촛대가 영국에 갔다가 미국에 갔다가 한국 교회로 촛대가 온 것입니다. 한국 교회가 제구실을 못 하면 이 촛대가 다시 중국 교회로 옮겨갈 수도 있습니다. 그러니 그 시대에 촛대가 될 수 있는 교회가 된다는 것은 참 중요합니다.

제가 신학교 다니면서 빈민 선교 하려고 목회를 시작했습니다. 동료들이 걱정을 많이 했습니다.

"김진홍 전도사! 그건 돈키호테다. 빈민 선교 하려면 생활비도 있어야 하고 뒷받침을 누가 해줘야 할 텐데, 영락교회나 새문안교회 같은 힘 있는 교회의 지원을 받고 들어가야지 혼자만 들어가면 되냐?"

선교 후원의 라인을 확보해 놓고 들어가라는 것입니다. 합리적인 생각입니다.

"나는 그렇게 생각 안 했는데 듣고 보니 말이 되네."

그래서 3일 동안 기도를 했습니다. 그리고 결론을 내렸습니다.

제 고향이 경북 청송입니다. 어려서는 외할머니 집에서 자랐습니다. 우리 외할머니집이 부자라서 머슴이 셋입니다. 외할머니 고향이 "신호"라서 경상도 사람들은 신호댁이라고 불렀습니다. 그런데 이 머슴 셋이 아침에 들에 나갈 때, 외할머니에게 와서 "신호댁! 우리 들에 나갑니다. 오늘은 제가 과수원에 갑니다." 신고만 하더라 이겁니다. "오늘은 제가 못자리에 갑니다." 그러면 우리 할머니가 "그래" 하시고는 외숙모들한테 새참 때가 되면 새참 보내고, 점심때가 되면 점심 보내고 또 물도 보냅니다. 일꾼은 현장에 가서 일한다는 신고만 하면 주인이 다 때를 따라 먹을 것을 보내더라 이거예요. 일꾼들은 저녁에 일 마치고 씻고 들어와서 자면 되는 거예요. 저는 그걸 생각하였습니다.

'내가 빈민촌에 들어가는 것은 내가 비즈니스 하러 들어가는 것이 아니고 하나님의 일을 위해 들어가는데, 하나님은 주인이고 나는 머슴이다. 외가집으로 말하자면 하나님은 신호댁이고 나는 그 집의 머슴이다.'

그래서 내가 기도했습니다.
"하나님! 제가 청계천 빈민촌에 들어갑니다."
그리고 생각했습니다.
'새참, 점심, 물, 마시는 것, 입는 것은 머슴을 쓰시는 하나님이 다 주시지 않겠냐?'

그런 믿음이 생겼습니다. 그렇게 들어간 지 26년이 지나서 보니까 하나님은 내가 생각했던 것보다 몇 배로 밀어주셨습니다. 항상 그랬습니다. 내가 생각했던 것보다 항상 많이 주셨습니다.

가끔 굶었지요. 양식이 떨어져서 굶으면, '아! 하나님이 금식하라는 거다. 지금은 굶는 것이 좋길래 굶게 두시겠지!' 하고 두말하지 않고 굶었습니다. 굶고 있으면 먹을 것이 들어왔습니다. 먹을 것이 들어오면 '아! 이건 나 혼자 먹으라고 주신 것이 아니라 나눠 먹으라고 주신 거다'하고 나눠 먹었습니다.

청계천에서 남양만으로 집단 이주하여 남양만에서 두레 마을을 하다가 근처에 공단들이 들어오고 땅 값이 올라가고 산업 지대가 되니 농업 공동체가 불가능해서 두레 마을을 옮겼습니다. 남양만 두레 마을은 남양만 활빈교회가 지역교회로 제구실 하도록 남양만 활빈교회에 주었습니다.

'하나님께서 이쪽으로 길을 열어 주셨으니 하나님께서 또 알아서 주실 거다'하는 겁니다. 어디서 두레마을을 하더라도 마찬가지입니다. 처음에 먹을 것이 없으면 굶고, 생기면 공동체로 나누어 먹고 하면 되는 겁니다. 이런 사고가 영적 사고요, 신앙의 기초지요.

그런데 우리가 하나님의 일을 한다고 하면서 너무 계산이 빠르고, 너무 밝히고, 너무 주산을 튕기니 하나님이 역사하실 틈이 없습니다. 자기 머리에서 계산 다 했는데 하나님이 없어도 되지 않습니까? 하나님이 우리를 밀어주시고 역사하실 부분은 신성한 영역에 속한 것이니까 그렇게 남겨 놓아야 합니다. 그건 우리가 비워놓고 항상 하나님이 역사하실 수 있도록 해야 합니다.

1. 목민 신학의 출발

그러면 우리가 하는 일의 목표가 무엇입니까? 어떤 일에 하나님이 역사하시길 바라면서 나아가야 합니까? 그것은 바로 목민 신학입니다. 청계천에서 시작한 활빈교회의 목회는 목민 목회였습니다. 그러면 목민 목회는 무엇입니까? 목민 신학을 목회 현장에서 실천하고 적용하는 목회가 〈목민 목회〉입니다.

목민 목회의 뿌리는 목민 신학입니다. 내가 빈민촌 판자촌에서, 감옥생활에서, 갯벌에서, 두레마을을 하면서 일관된 사상적 흐름이 있습니다. 이런 과정을 겪으면서 얻어진 신학적, 사상적인 결론이 있습니다. 이것을 일컬어 목민 신학이라고 말합니다.

목민 신학이라는 그릇을 얻은 겁니다. 예수님의 복음을 담는 그릇이 없으면 손바닥에 물을 담을 수 없지 않습니까? 생명의 도를 담는 그릇이 신학입니다. 활빈교회를 통해서 복음을 전하는 그릇이 필요합니다. 이것이 목민 신학입니다. 그 목민 신학에다 담는 것은 예수님의 생명의 복음입니다. 생명의 복음을 목민 신학이라는 그릇에 담아서 목회에다 실천하는 것 이것이 목민 목회입니다. 우리가 처음 교회를 같이 시작하면서 교회를 시작하는 신학적 바탕이 우리 뼛속에 그리고 핏속에 흘러야 합니다.

그런데 한국 교회에는 두 가지 약점이 있습니다.

첫째 교회 지도자인 목사와 장로가 신학적 바탕이 없습니다.
둘째 영성의 혼란입니다.

무낭 비슷한 짓을 히든, 푸닥거리하든 교인만 많이 모으면 좋은 것이라고 생각하는 것이 문제입니다. 이건 아닙니다. 많이 모아났다고 좋은 교회요, 하나님의 선교에 쓰임 받는다 생각하면 그것은 신학의 부재라 말할 수 있습니다.

그래서 우리 교회는 시작할 때부터 신학적 실체reality를 가지고 시작해야 합니다. 교회의 핵심 일꾼들은 목민 신학이 무엇인지 처음부터 확실히는 알지 못해도 그 윤곽을 알아야 합니다. 목민 신학은 신학교 도서실에서 이루어지는 것이 아니라, 발바닥으로 목회 현장에서, 삶의 현장에서 몸으로 익히는 것입니다. 체득體得한다고 합니다.

2. 목민 신학 : 하나님의 아픔의 신학

선교라는 것은, 교회밖에 있는 무리를 보시고 불쌍히 여기신 예수님의 마음, 예수님의 심장을 갖는 겁니다. 그러므로 선교라는 것은 참 멋있는 것입니다. 사람들이 정치의 계절만 오면 저 보고 전국구 해달라, 뭐 해달라 그럽니다. 그러면 나는 "무슨 소리야? 목회는 모든 정치를 넘어서는 정치 위의 정치다"라고 합니다. 참 정치는 백성들을 불쌍히 보시는 예수님의 마음에서 시작되는 겁니다. 그러니 교회가 제구실 하면 그것이 정치입니다.

오래전에 한겨레 신문에 내가 어느 사람 인맥이라고 난 적이 있습니다. 나는 그 정도로 지지한다고 말한 사람이 많습니다. 내가 몇 마디 좋은 말을 했다고 나를 자기 인맥에 넣어버리면 이건 큰 결례입니다. 자기에게 좋은 말 했다고 "김진홍 목사는 내 편이다"라고 신문에 내버리면 입장 곤란합니다.

> 예수께서 모든 도시와 마을에 두루 다니사 그들의 회당에서 가르치시며 천국 복음을 전파하시며 모든 병과 모든 약한 것을 고치시니라 무리를 보시고 불쌍히 여기시니 이는 그들이 목자 없는 양과 같이 고생하며 기진함이라
> (마태복음 9장 35~36절)

그 무리들이 지도자 없이 헤매는 것을 보시고 민망히 여기는 겁니다. 마태복음에서는 민망히, 마가복음에서는 불쌍히, 요한복음에서는 측은히 라고 하셨는데 다 같은 말입니다. 구약에서 같은 말이 예레미야에서 나옵니다.

> 에브라임은 나의 사랑하는 아들 기뻐하는 자식이 아니냐 내가 그를 책망하여 말할 때마다 깊이 생각하노라 그러므로 그를 위하여 내 마음이 측은한즉 내가 반드시 그를 긍휼히 여기리라 여호와의 말이니라(예레미야 31장 20절, 개역한글)

'깊이 생각하노라'라는 말은 '고민하노라'라는 말입니다. 하나님이 자식된 백성을 꾸짖고 책망할 때마다 고민하며 아파하면서 책망한다 이 말입니다. '그러므로 그를 위하여 내 마음이 측은한즉', 여기에서 '측은한즉'이 목민 신학의 주제입니다. 여기서 '측은'은 창자가 끊어질 듯한 아픔을 말합니다. 그래서 개역개정 성경은 '그를 위하여 내 창자가 들끓으니'라고 번역했습니다.

우리가 목자 없는 양같이 헤매는 것을 보고 하나님이 얼마나 마음 아파하시겠습니까? 창자가 끊어질 듯이 가슴이 아파하신다는 것입니다. 그래서 도저히 그냥 있을 수가 없어서 하나님이 직접 찾아오셨습니다. 누구입니까? 예수님입니다.

"아! 저 불쌍한 백성들! 내가 가서 죽어야지"

그래서 십자가의 고통이 나오는 겁니다. 이것이 목민 신학의 중심입니다. 그러니 우리가 예배당 잘 지어놓고 에어컨 빵빵하게 틀어 놓고 "할렐루야" 한다고 할렐루야가 아닙니다. 또 서구신학은 2천 년 동안 플라톤이 어떻고 아리스토텔레스가 어떻고 하면서 왔다 갔다 했습니다. 백성들오클로스들의 아픔은 걱정 안 하는 것입니다.

내가 철학을 했는데 플라톤, 아리스토텔레스를 아무리 연구해도 아무 소출이 없었습니다. 실컷 하고 난 결론이 신경쇠약에 걸린 겁니다. 예수님을 영접하고 나서 얼마나 좋은지 철학책 다 엿 바꿔 먹어 버리고 신학교에 왔는데 신학교 교실에 앉아서 보니까 플라톤, 아리스토텔레스를 되풀이하는 것입니다.

"저걸 왜 하냐? 저걸."

그래서 빈민촌에 들어가서 백성들하고 같이 굶고 넝마주이 하면서 뒹굴어 보니까 그 속에 예수님이 계셨습니다. 그것이 목민 신학의 출발점입니다. 굶주리고 억울하고 눌리고 고통당하는 아픔에 측은함으로 동참하는 거기서 신학은 출발하고 발전하는 것이고 그것을 교회가 목회로 실천할 때 목민 목회가 이루어지는 것입니다.

지난번에 에든버러 대학에서 제3세계 신학 세미나 하면서 그 얘기한 거예요. 프린스턴에 가서도 그랬습니다. 신학자들은 고개를 갸우뚱하는데 저 필리핀이나 아프리카에서 온 사람들은 "옳다!" 그러면서 눈이 반짝반짝합니다. 아프리카 사람들에게 플라톤이 무슨 소용이 있습니까? 르완다, 탄자니아에서 기아에 허덕이는 사람들에게 플라톤이 무슨 필요가 있습니까? 그 사람들에게는 헐벗은 영혼을 뜨겁게 해주는 것이 필요합니다. 그것이 예수님의 마음입니다.

우리는 신학을 그렇게 접근해야 합니다. 그래서 시들어버리고 잠자고 있는 서양 신학에 대해서 "그게 아니다. 백성에 대해서 불쌍히 여기고 가슴 아프게 여기시는 예수님에서 다시 시작하자"라고 말해야 합니다. 일컬어 신학의 현장화現場化지요. 이것이 목민 신학이 추구하는 기본 개념입니다.

3. 목민 신학의 주제 : 오클로스냐? 예수님이냐?

그러면 목민 신학을 말할 때, 단순화시켜서 핵심이 무엇이겠습니까? 마가복음 6장 34절입니다. 쉽게 줄이고 줄여서 목민 신학의 출발섬은 마가복음 6:34절에 있습니다. 이 출발점에 분명히 서야 합니다. 우리가 교회 일을 하면서 조심해야 할 것이 있습니다. 너무 수단과 방법에 치우치면 안 된다는 것입니다. 가만히 생각해 보면 하나님은 수단과 방법이 아니라 '사람'을 통해 일하십니다. 어떤 사람입니까? 자기 한계를 알고, 기도하는 사람, 겸손한 사람입니다.

"하나님 나를 통해서 역사해 주십시오."

너무 걱정이 많고 말이 많은 것은 인위적으로 나가기 쉽습니다. 안 그렇습니까? 예수 믿는 사람치고 말 잘 못하는 사람이 어디 있습니까? 요는 말씀의 근본을 딱 짚어서 신학적 사고를 해야 하고 성서적

발상을 해야 하고 영적으로 우리가 어떻게 출발하면 되겠다고 생각해야 하는 것입니다.

그것만 되면 수단이나 방법은 뒤따라옵니다. 중요한 자세입니다. 말을 앞세우기보다 진지해야 합니다. 본질에 근본을 둔 사고를 해야 합니다. 일컬어 '영성'입니다. 수단과 방법을 자꾸 따라다니지 말고 '본질'에 치중해야 합니다. 그 본질을 추구하는 진지함이 있어야 합니다. 그때 영적인 바탕에 설 수 있습니다.

> 예수께서 나오사 큰 무리를 보시고 그 목자 없는 양 같음으로
> 인하여 불쌍히 여기사 이에 여러 가지로 가르치시더라
> (마가복음 6장 34절)

이 말씀에서 '무리'라는 말이 중요합니다. 이걸 성경 원문에는 '오클로스 oklos'라고 합니다. 성경에 백성 혹은 무리라는 말이 셋이 있습니다. 인민, 백성, 군민, 무리로 번역될 수 있는 단어가 셋이 있습니다. demos, laos, oklos입니다.

demos는 주장할 권리가 있는 무리 시민권이 있고 자기를 내세울 힘이 있는 무리입니다. 이 demos에서 데모크라시 democracy 즉 민주주의가 나왔습니다.

laos는 통틀어서 백성입니다. 그 땅에 사는 사람 전체 대한민국 국민

전체 하는 식의입니다.

oklos는 힘도 배경도 기댈 데도 없는 사람입니다. 그냥 버려진 사람입니다. 재산권도, 투표권도 아무것도 없는 사람입니다. 그런데 마가복음의 무리는 oklos입니다. 참으로 이상한 것은 예수님이 살아 계신 당대에 자기 주장할 것이 있는 demos들은 제사장 종교를 찾아갔어요. 주장할 것이 없는, 보장받을 것이 없는 오클로스oklos들이 예수님 찾아갔습니다. 이것이 중요합니다. demos들은 예루살렘으로 가서 제사장에게 가고, 오클로스들은 예루살렘 반대편 광야에서 예수님의 교훈을 들은 것입니다.

서양에 나가면 한국 교회는 두 가지로 유명합니다. 민중 신학과 순복음교회의 조용기 목사입니다. 민중 신학은 좌익left wing, 순복음교회는 우익right wing을 대표합니다.

그러나 이들이 한국 교회를 대표할 수 있는 교회도 아니고 신학도 아닙니다. 한국 교회의 주류main stream는 따로 있습니다. 보이지 않지만, 한국 교회 밑바닥에 흐르고 있는 영맥이 있습니다.

나는 민중 신학을 좋아합니다. 얼마만큼 좋아하느냐? 50% 좋아합니다. 나머지 50%는 민중 신학의 한계지요. 성경적, 영적 전통에서 부족합니다. 34절에서 민중 신학이 부족한 것이 무엇입니까?

예수께서 나오사 큰 무리를 보시고 그 목자 없는 양 같음을 인하여 불쌍히 여기사 이에 여러 가지로 가르치시더라

힘없고 기댈 데 없는 오클로스를 예수께서 너무너무 불쌍히 여기셨습니다. 무리를 보시고 예수님께서 안타까운 마음으로 그들에게 가르쳤습니다.

그때 지식도 없고 어려운 말도 모르고, 밑바닥에서 하루 세 끼 먹느라고 허덕이는 그 무리 oklos들에게 예수님이 뭘 가르쳤을까요? 이것이 핵심입니다. 34절에서 민중 신학이 무리에게 주제가 실려있는 반면에, 목민 신학은 무리가 아니라 무리를 불쌍히 보시고 가르치신 '예수님의 마음'에 '예수님의 가슴'에 주제가 있습니다.

민중 신학이 민중을 찾아서 신학화한 공로가 큰데, 예수님의 가르침이 없는 민중은 무엇입니까? 저는 바닥에서 26년간 일을 해 왔습니다. 요즘은 비행기도 타고 다니고, 침대에서도 자고 그러지만, 이것은 변칙이지요. 내 원칙은 지금도 바닥에서 사는 겁니다. 지금은 내가 스케줄 때문에 그렇지만 스케줄이 정리되면 다시 내가 심방도 하고, 같이 손 붙잡고 기도도 하고, 두레마을 바닥에서 다시 시작하고 무리를 민망히 여기신 예수님의 마음으로 목회하고 싶습니다. 목민 신학이 바로 그것입니다.

이 예수님의 가슴, 연민의 정, 무리를 보시는 뜨거운 마음에 신학의 중심을 두어야 그것이 성경적인 신학이요, 영적 바탕이요, 교회가 교회다워지는 것입니다.

때가 저물어가매 제자들이 예수께 나아와 여짜오되 이 곳은 빈 들이요 날도 저물어가니 무리를 보내어 두루 촌과 마을로

가서 무엇을 사 먹게 하옵소서(마가복음 6장 35~36절)

제자들도 무리를 보았지요? 그런데 제자들은 뭐라 그랬습니까? 무리에 대한 가슴이 예수님과는 다르게 나타나고 있습니다.

"예수님! 저 사람들 가서 밥 먹고 오라고 하세요." 하고는 무리에게 가서 "여러분! 가서 돈 있으면 밥 사 잡수시고 오세요." 하고 말하고 있습니다. 그런데 예수님이 뭐라고 그랬습니까?

> 대답하여 이르시되 **너희가 먹을 것을 주라** 하시니 여짜오되 우리가 가서 이백 데나리온의 떡을 사다 먹이리이까 이르시되 너희에게 떡 몇 개나 있는지 가서 보라 하시니 알아보고 이르되 떡 다섯 개와 물고기 두 마리가 있더이다 하거늘 제자들에게 명하사 그 모든 사람으로 떼를 지어 푸른 잔디 위에 앉게 하시니 떼로 백 명씩 또는 오십 명씩 앉은지라 예수께서 떡 다섯 개와 물고기 두 마리를 가지사 하늘을 우러러 축사하시고 떡을 떼어 제자들에게 주어 사람들에게 나누어 주게 하시고 또 물고기 두 마리도 모든 사람에게 나누시매 다 배불리 먹고 남은 떡 조각과 물고기를 열두 바구니에 차게 거두었으며 떡을 먹은 남자는 오천 명이었더라(마가복음 6장 37~44절)

"너희가 가서 먹을 것을 주라"는 말씀은 너희가 그 무리oklos들을 책임지라는 것입니다.

"현찰이 없는데요. 2백만 원 드는데요."
예수님은 현찰 얘기가 아닙니다. 같이 읽겠습니다.

> 다 배불리 먹고 남은 떡 조각과 물고기를 열두 바구니에 차게
> 거두었으며 떡을 먹은 남자는 오천 명이었더라

자! 이것이 그 유명한 오병이어의 기적인데, 그다음에 예수님이 뭐라고 하십니까?
"오늘 아주 큰 이적 베푸는 것 보고 놀랐지?"
그런 게 아닙니다. 그다음에 제자들에게 가르치고자 하는 핵심이 있습니다. 이것이 성경의 진리입니다. 뭐라 그러셨느냐?

> 예수께서 이르시되 나는 생명의 떡이니 내게 오는 자는 결코
> 주리지 아니할 터이요 나를 믿는 자는 영원히 목마르지 아니
> 하리라(요한복음 6장 35절)

"낮에 나누어준 떡은 잠시 배고픈 것을 면해주는 것이다" 진짜 오클로스들에게 필요한 떡은 낮에 먹은 그 떡이 아니라는 것입니다.

> 진짜 필요한 떡은 바로 나다! 나!
> 십자가에 죽어서 찢어서 나누어준 나!

내가 너희들을 진정 배고픔에서 해방시켜 주는 생명의 떡이다. 그러니까 오병이어의 기적은 예수님이 무리들에게 찹쌀떡이나 송편을 나누어주려는 것이 아니라 생명의 떡인 자기 자신을 주시는 것에 대한 하나의 그림자였습니다. 예수님은 인류의 영원한 문제(영생의 문제)를 얘기하시는 겁니다. 그러니까 목민 신학은 우리가 주민들을 위해서, 북한 주민들을 위해서, 농민들을 위해서 여러 가지 사업(프로젝트)하겠지만 궁극의 결론은 뭐냐? 바로 생명의 떡이신 예수 그리스도 자체를 주는 것입니다. 예수 그리스도를 바로 알고 바로 믿고 바로 모시도록 하는 것입니다.

4. 목민 신학의 네 기둥 : 교육 목회, 국민 목회, 치유 목회, 제자 양육

마태복음 9장 35절입니다. 목민 신학을 가지고 목민 목회를 전개하는 데 있어서 무슨 내용으로 하느냐? 바로 마태복음 9:35-38절에 나온 예수님이 하신 일을 가지고 한다는 것입니다. 35절을 일컬어 예수님의 3대 사역 ministry이라 합니다.

> 예수께서 모든 도시와 마을에 두루 다니사 그들의 회당에서 가르치시며 천국 복음을 전파하시며 모든 병과 모든 약한 것을 고치시니라(마태복음 9장 35절)

"가르치시며"

교육 목회지요. 목회는 교육입니다. 교육 목회가 목회의 근본입니다. 교육으로 시작하고 교육으로 마치는 겁니다. 그런데 교육 목회를 안 하고 은사 목회, 능력 목회를 자꾸 추구하니까 본질에서 빗나가게 됩니다. 히브리어에서 교육은 훈련이고 반복입니다. 자식들에게 "말씀을 읽어라! 읽어라!" 자꾸 반복하는 것이 교육이라 그랬습니다.

"천국 복음을 전파하시며"

하나님의 나라를 전하는 preaching입니다. 전도 사역이지요.

"모든 병과 모든 약한 것을 고치시니라"

치유 목회지요. 우리 교회는 앞으로 치유 사역이 굉장히 중요합니다. 약한 사람을 도와주고, 병에 걸렸기 때문에 병을 통해서 예수님을 만나게 되는 것, 치유 목회지요. 그래서 또 우리가 대안학교를 합니다. 중, 고등학생이 일 년에 56,000명이 퇴학을 당하는데, 그 학생들이 갈 곳이 없습니다. 학교를 세워서 선생님과 학생들이 같이 살면서 아침, 저녁으로 공부하고 낮에는 고추 기르고 돼지치고 오후에는 축구합니다.

삶을 통해서 그 애들의 망가진 E.Q.를 회복하고 잃어버렸던 청소

년상을 찾는 것입니다. 이것이 치유 목회고 교육 목회고 복음 전하는 거지요. 우리 건강한 사람끼리 모여서 말씀 듣고 '야! 은혜 있다' 해봤자 그것이 예수님을 따르는 길이냐 이겁니다. 그래서 교회에서 우리끼리 잘 지내는 것은 교회 안에 교회가 갇혀 버리는 것입니다.

> 무리를 보시고 불쌍히 여기시니 이는 그들이 목자 없는 양과 같이 고생하며 기진함이라 이에 제자들에게 이르시되 추수할 것은 많되 일꾼이 적으니 그러므로 추수하는 주인에게 청하여 추수할 일꾼들을 보내 주소서 하라 하시니라
> (마태복음 9장 36~38절)

예수님은 그러지 않았습니다.

"무리를 보시고.."

그 무리가 성전 안에 있는 무리입니까? 아니지요. 산에, 들에, 농촌에, 골짜기에, 길거리에서 헤매는 무리지요. 예배당 밖에, 성전 밖에, 북한에, 남한에, 제주도에서 백두산까지 지도자를 못 만나고 때를 얻지 못해서 헤매는 무리입니다.

우리가 해야 할 일은 예배당 밖에 있습니다. 그래서 교회 교인이 몇 명이냐? 물으면 "칠천만이다. 칠천만. 우리 동포 전체가 우리 교인이다." 이렇게 되는 겁니다. 일컬어 국민 목회. 그러니까 교인들이

"목사님! 교회 안에 일을 열심히 하시고 교회 밖에 일은 좀 손 떼세요" 그러면 안 되는 것입니다. 교회 안에 있는 우리가 힘을 모아서 교회 밖에 있는 사람들을 품고 안아주어야 성경적입니다.

그런데 우리가 가르치는 교육 목회, 모든 병과 약한 것을 고치는 치유 목회, 삼천리 반도 전체를 동포애로 싸안는 국민 목회를 감당하려면 사람이 있어야 하지 않겠습니까?

그래서 예수님이 3년 동안 무리를 먹이고 가르치시면서, 무리들을 계속해서 먹일 열두제자를 키우는 것입니다. 사람을 키워놔야 무리를 먹입니다. 그래서 예수님의 사역의 핵심은 제자를 키우는 '사람 기르기'입니다. 그래서 우리가 열심히 일해서 사람 기르는 데 써야 합니다.

두레 연구원에 국내외 장학생이 80명이었습니다. 한 달에 한 사천만 원 들어갔습니다. 다 해봐야 일 년에 5억이에요. 10년 하면 50억인데, 어지간한 교육관 하나 짓는데도 50억은 훌쩍 넘어버리지 않습니까? 사람을 키울 수 있으면 어느 쪽이 더 경제적입니까? 그러니까 교회가 투자해야 할 곳은 빌딩이나 건물이나 땅이 아니라 사람입니다. 어떤 사람입니까? 무리들을 불쌍히 보고 예수님의 가르치심으로 무리를 위해 살 수 있는 사람이에요.

우리가 사람을 기르는 일에 모든 목회의 총력을 기울여야 합니다. 내년부터 예산 짤 때 장학금에 과감하게 써야 합니다. 찔끔찔끔하지 말고 북한에 1억, 농민들한테 1억, 장학금에 1억, 이런 식으로 과감하게 써야 합니다.

5. 왜 다산선생이냐? : 목민 신학의 그릇

그런데 왜 '목민牧民'이라는 말을 썼느냐? 200년 전에 구한말에 다산 정약용 선생이 뛰어난 경륜을 가지고 있어서 정조 대왕이 크게 쓰려고 했는데 밀려 버렸습니다. 소인배들한테 모함을 받아서 전라남도 강진에 귀양을 가서 18년 동안 귀양살이했습니다.

그래서 자기가 펼쳐보고 싶은 '목민', 즉 백성을 먹이는 목민의 정신을 책 한 권에 담았습니다. 그걸 목민심서牧民心書라고 했습니다. 귀양살이하기에 실천은 못 해보고 마음으로만 쓴 것입니다. 그래서 서문에 썼어요.

"내가 이 경륜을 펼쳐보지 못하고 마음으로만 쓰기 때문에
목민심서라 하노라."

그리고 끝에 또 썼습니다.

"백 년, 이백 년 세월이 흐른 후, 후학 중의 누군가가 이 정신
을 이어주기를 바란다."

지금 이백 년이 지났어요. 이백 년 전에 다산선생의 백성을 불쌍히 여기는 그 정성이, 백성에게 떡을 나눠주시고 자기를 십자가에 찢어 백성들에게 생명을 나눠준 예수님의 뜻하고 통한다는 것입니다. 그

래서 우리가 플라톤 찾을 것이 뭐냐? 우리 조상이신 정약용의 목민 사상에 복음을 담자는 것입니다. 그러니까 다산선생의 목민 사상은 그릇입니다. 그릇은 중요하지 않습니다. 그릇은 내용물 담았다가 다른 곳에 바꿔 버리면 됩니다. 신학은 때를 따라 바뀝니다. 중요한 것은 담는 생명의 내용, 즉 예수님의 마음입니다.

이런 일에 우리가 쓰임 받지 않으면 우리가 교회를 만들 필요가 없습니다. 한국에 교회가 모자랍니까? 김부식이 쓴 삼국사기가 있습니다. 삼국사기에 보면 신라가 왜 망했느냐? 신라 천지에 사찰이 너무 많고 승려가 너무 많아서 망했다고 합니다.

젊은 친구들이 절에 앉아서 목탁 치느라 농사 안 짓고 생산 안 하고 군대 안 가니까 나라가 망했다는 것입니다. 팔공산 골짜기에만 절이 7천 개랍니다. 밤에 꼭대기에서 한 번 보십시오. 시뻘건 십자가 천지입니다. 공동묘지 같습니다. 교회가 적은 시대가 아닙니다. 정말 우리 교회가 목민 신학을 가지고 미국에서, 동두천에서, 농촌에서, 북한 땅에서 실천할 수 있는 그런 교회를 하자는 겁니다.

이런 마음, 이런 정신을 우리가 다른 교회를 욕하고 비판하고 방방 뜨는 데 사용하면 이건 교만입니다. 겸손하게 "하나님! 다 예수님의 교회를 예수님이 쓰시고 사랑하실 줄 압니다. 그러나 이런 점에서 우리가 쓰임 받고 싶습니다. 우리를 써 주시옵소서" 이렇게 조심조심해서 나가야 합니다. 그래서 사람 가르치는 교육 목회, 말씀을 전하는 전도 사역, 약한 자를 고치는 치유 목회, 국민 전체를 염두에 두는 국민 목회, 그 일을 이루어 나갈 사람을 길러내는 이런 일을 열심히 하는 교회가 되자 이겁니다.

우리가 전통적으로 하던 사업이 다섯 가지입니다. 다섯 가지에서 때를 따라 더하고 빼고 합니다.

> 첫째는 두레마을. 공동체 운동.
> 둘째는 사람 길러내는 두레 장학재단, 즉 두레연구원.
> 셋째는 몸과 마음이 병든 사람 고쳐주는 두레수도원.
> 넷째는 일반 학교에 적응하지 못하는 학생들을 위해 개교했지만 점점 문호를 넓혀 기독교적 가치관을 지닌 국제 경쟁력을 가진 인재를 기르기 위한 두레 국제학교로 발전.
> 다섯째는 중국과 북한에 두레마을 세워서 굶주린 동포들을 돕는 것.

우리 교회는 이 다섯 가지 사업을, 때를 따라 더하기도 하고 빼기도 하면서 예수님의 무리를 보시고 불쌍히 여기셨던 그 마음으로 계속해 가기를 바랍니다. 이 일에 우리가 열심을 내고 기도를 모으고 물질을 모으는 세 겹줄 같은 틀을 짜도록 합시다.

뉴욕 하크네시아 교회

한강의 기적에서 한반도의 기적으로
감옥에서 배운 진짜 교회

20
한강의 기적에서 한반도의 기적으로

2차대전 이후에 새로 시작된 나라 신생독립국가 중에 원조받던 나라에서 원조하는 나라로 바뀐 나라는 딱 한 나라입니다. 우리 코리아입니다. 그리고 일제 강점기에서 벗어나 1948년 8월 15일 대한민국이 건국되었을 때 국민 소득이 53달러였습니다. 가난하기로 전 세계에서 아프리카 가나 다음에 꼴찌로 2등이었습니다.

그때 미국이 잉여 농산물을 후진국에 원조했는데 우리나라도 미국의 남는 농산물을 원조받아 국가 재정으로 썼습니다. 우리 정부에서 그걸 국민들한테 팔아서 공무원들 월급을 줬습니다.

그런데 지금은 세계 10대 경제 강국으로 올라섰습니다. 이것이 세계적으로 연구 대상이지요. 어째서 원조받던 나라에서 딱 한 나라만 원조 하는 나라로 발전했을까? 세계 꼴찌에서 2등에서 경제 10대국 강국으로 올라설 수 있었을까를 연구하는 것입니다.

예일대학에 알렉스 그린 교수가 있습니다. 전공이 정치학과 경제학을 합친 정치 경제학인데, 알렉스 그린 교수의 분석을 바탕으로 한국이 그렇게 성장 발전된 이유를 4가지를 들어봅니다.

첫 번째가 한국인이 가지는 독특한 국민성입니다.

어떤 국민성이냐? 세 가지입니다. 우리가 한국인이면서도 나라 안에서나 밖에서나 그걸 미쳐 잘 모르고 지나는 수가 있습니다.

첫째는 한국인들의 근면, 부지런함입니다.

두 번째는 열정passion입니다. 한국인은 뭔 일을 하면 죽기 아니면 까무러치기라고 하지요? 말 그대로 목숨 걸고 일합니다.

세 번째가 위기를 만나면 하나가 되는 것입니다. 평소에 갈라져서 싸우다가도 국가가 위기를 만나면 하나가 되는 특별한 국민성이 있습니다. 예를 들어 임진왜란 때 선조 왕은 저 북쪽으로 도망가 버렸는데 국민들이, 농민들이 의병이 되어 일본군과 싸웠습니다.

IMF 사태 때 금 모으기 운동 아시죠? 아줌마들이 장롱 속에 간직하던, 결혼할 때 목에 걸었던 금목걸이, 돌잔치 할 때 받은 금반지 같은 걸 나라를 위해서 다 바쳐서 세계 사람들을 놀라게 했습니다.

중국 사람들은 나라가 어려워지면 전부 금을 사서 땅에 묻는다고 하고 일본 사람들은 나라가 어려워지면 현찰을 만들어 안방에다가 쌓아 놓는다는 겁니다. 그런데 유독 중국과 일본 사이에 있는 코리안들은 나라의 어려움을 이기자고 금을 모으는 거예요. 그렇게 모은 돈이 30억 달러입니다.

전 세계 IMF 역사상 가장 빠른 시일에 IMF 빚진 걸 다 갚았어요. 3년 만에 다 갚아서 세계 신기록을 세웠습니다. 그때 미국과 캐나다 교포들도 조국이 어렵다고 하니까 큰돈을 성금으로 보내왔습니다. 참 감사한 일입니다.

두 번째가 이승만 대통령의 농지개혁입니다.

이승만 건국 대통령이 1948년 8월 15일 대통령이 되고 보니까 호남 쪽에는 소작인이 80%였어요. 경상도는 소작인은 적어도 머슴들이 많았어요. 전 국민적으로 소작인, 머슴들이 80%였습니다.

이승만 대통령이 민주주의를 하려면 경제가 기초가 되어야 하는데 소작인이 80%인 나라에서 어떻게 우리가 민주주의를 할 수 있냐고 해서 그때 농림부 장관인 조봉암 장관을 불렀습니다. 조봉암 장관은 젊었을 때는 공산주의자였는데 해방된 뒤에 공산주의가 하는 것을 보니 희망이 없어서 공산주의자에서 민주주의자로 전향한 사람입니다.

이승만 대통령이 젊은 사람이 똑똑하니까 농림부 장관을 시켰는데 불러서 지시했습니다.

"임자 이기 민주주의 하려고 보니 소작이이 80%다. 천석꾼, 만석꾼 하는데 만석꾼이면 그 밑에 소작인이 수백 세대가 있으니, 경제가 되겠냐? 농지 개혁을 하자."

성경 레위기 25장 23절, 24절에 성경적인 토지관이 있습니다.

> 토지를 영구히 팔지 말 것은 토지는 다 내 것임이니라 너희는 거류민이요 동거하는 자로서 나와 함께 있느니라 너희 기업의 온 땅에서 그 토지 무르기를 허락할지니
>
> (레위기 25장 23~24절)

우리가 성경을 깊이 알아야 합니다. 물론 예수 믿고 구원받아 천국 가는 것이 첫째지만 그것만 가지고는 50점입니다. 성경에는 정치가 나오고 경제가 나오고 가정 얘기가 나오는 모든 국민 교과서라 할 수 있습니다.

레위기 말씀은 성경의 토지법입니다. 지주는 하나님이고 농민들은 하나님의 땅을 경작하는 소작인이지요. 사람이 지주가 되는 것은 하나님의 뜻이 아닙니다. 그렇다고 지주들에게서 땅을 강제로 뺏으면 이거는 북한 김일성식이고 국가가 지주에게 보상해 주고 농민들이 5년 거치로 땅값을 내게 하는 것이 이승만 대통령의 농지 개혁입니다. 전 세계적으로 성공한 토지 개혁의 모범 사례입니다. 굉장히 유명합니다.

이승만 대통령이 참 선견지명이 있고 지도력이 있었습니다. 그때 조봉암 농림부 장관이 "각하! 뜻은 좋으신데 각하가 소속되어 있는 한민당 국회의원들이 지주 출신이 많고 상공인 사장들이 많은데 그거 반대할 텐데요"라고 하니까 "그거는 걱정하지 마. 내가 다 막아 줄 테니까. 국회의원이든 누구든 이거 반대하면 내가 다 막아 줄 테니까 강행하시오"하고 이승만 대통령이 강행시켰습니다.

농지 개혁을 1948년 가을에 시작해서 50년 4월 20일에 끝냈는데 두 달 뒤에 6·25 전쟁이 시작됐습니다. 인민군들이 이제 파죽지세로 내려와 남쪽을 점령해 나갔습니다. 특별히 광주 지방에는 방호산이란 장군이 인민군 육사단을 이끌고 호남 지역을 점령하고 인민군이 지주를 숙청하고 토지는 농민에게 준다고 했는데 이미 농지를 받아

5년만 갚으면 자기 땅이 되는 농부의 아들들이 자기 땅을 지키기 위해 인민군과 싸웠습니다.

그래서 경제 전문가들의 분석에 의하면 그 뒤에 미군이 오고 UN군이 왔어도 두 달 전에 농지 개혁에 성공하지 못했다면 6·25 전쟁에서 우리가 공산군을 막아낼 수 없었을 것이라고 말합니다. 이것은 대단히 중요한 일입니다.

월남전이 일어났을 때 경제적으로 보면 지주들은 월남을 다스리는 가톨릭을 믿는 프랑스에게 아첨하고 줄 서서 이권을 차지하여 지주가 되었습니다. 그런데 그 지주 땅을 경작하는 소작인은 불교 신자예요. 그래서 월남전은 가톨릭 지주 세력과 불교 소작인 세력 간의 다툼입니다.

거기에 저 북베트남에서 온 베트콩 공산주의자들이 불교 소작인들에게 찾아가서 지주를 몰아내고 땅을 다 차지하자고 전쟁이 벌어집니다. 미군이 50만이나 가서 엄청난 전쟁을 했는데 낮에 가서 점령해 놓으면 밤에 베트콩이 다시 뒤집는 거예요. 그래서 미국 CIA에서 조사를 해 보니 그 밑바닥에 토지 문제가 있다는 것을 알게 되었습니다. 그래서 CIA에서 월남 지도자들에게 말했습니다.

"월남전에서 승리하려면 코리아처럼 하시오. 코리아처럼 농지 개혁을 하시오. 불교 소작인들에게 땅을 다 돌려줘야 전쟁에 승리할 수 있습니다."

그런데 월남 지도자들이 "그건 빨갱이들이 하는 소리 아니냐? 그런 소리 하려면 뭐 미군들도 가라"하고 고집을 부리고 말을 듣지 않앉습니다. 그랬는데 나중에 가톨릭 지주들이 땅문서 손에 쥐고 맞아 죽었습니다. 그러니까 이승만 대통령에 의해 이루어진 한국의 농지 개혁이 얼마나 세계적인 성공 사례인지 모릅니다.

세 번째 한국 부모들의 교육열입니다.

경상도의 머슴들, 호남의 소작인들이 땅을 받고 보니 경제력이 생기고 여유가 생기니까 자식들을 교육시켰습니다. 농민들의 교육열이 한국을 일으키는데 기초가 되었습니다.

이승만 대통령이 대통령 된 뒤에 보니까 글을 모르는 문맹률이 90%였어요. 그래서 이승만 대통령이 민주주의 하려면 선거를 해야 하는데, 선거하려면 글을 알아야지 글도 모르는데 무슨 선거를 하겠나 해서 국민 교육에 발 벗고 나섰습니다. 내가 6살에 국민학교에 들어갔는데 그때 20살 먹은 사람과 같이 공부하곤 했습니다.

그런데 책을 찍으려니까 종이가 없는 겁니다. 그때 나라가 가난했으니까요. 책을 찍을 종이가 없으니까 이승만 대통령이 미국에 가서 록펠러 같은 재벌들을 찾아다니며 호소했습니다.

"대한민국을 세웠는데, 국민들이 글을 몰라 가르치려고 해도 책이 없습니다. 책 만들 종이를 좀 기증해 주십시오."

이승만 대통령이 미국을 돌면서 종잇 값을 모금해다가 교과서를 만들었습니다. 그래서 지금 전 세계에서 대한민국이 문맹률이 거의 제로에 가깝습니다. 전 세계 1위입니다. 미국은 사실 잘 몰라 그렇지 문맹자들이 많습니다. 한 20~ 30% 된다고 합니다.

그때 이승만 박사가 미국에 왔을 때 MIT 공과 대학을 방문했습니다. MIT 대학에서 이승만 박사가 필이 딱 꽂혔습니다.

"아! 나라가 되려면 과학 기술 교육을 해야 한다."

이런 마음을 품고 귀국하고 나서 그 참 가난한 시절에 유학생 열 명을 뽑아서 국비로 미국 유학을 보냈습니다. 또 열 명은 독일 유학 보냈습니다.

미국 제1기 유학생 중에 정근모 박사라고 있습니다. 이분이 프린스턴 대학에 가서 원자력을 공부해서 한국의 원자력 연구소를 세우는데 아주 앞장섰습니다. 그래서 지금은 원자력 기술이 세계 1등입니다.

네 번째 탁월한 정치적 리더십입니다.

박정희 장군이 1961년에 군사 혁명을 일으켰습니다. 그런데 혁명하고 보니 나라가 너무 가난한 거예요. 그때 국민 소득이 남한 78달러, 북한은 240달러였습니다. 1961년에는 북한이 남한보다 3배 더 잘 살았습니다. 그대로 갔으면 우리도 월남처럼 공산화되었겠지요.

하지만 우리 지도자들이 앞장서고 국민들이 밤늦게까지 재봉틀 돌리면서 일했습니다. 정부에서 경제 개발 계획을 시작하면서 경제가 일어나기 시작했습니다. 그런데 경제 개발을 위한 자금이 없었습니다. 그래서 혁명 정부의 박정희 의장이 미국에서 케네디 대통령을 만났습니다.

케네디 대통령에게 개발 자금을 빌려 달라고 하자 케네디가 당신 같은 독재자가 다스리는 나라에 우리가 달러를 줄 수 없다고 딱 잘라 거절하였습니다. 박정희 장군도 뭐 자존심이 있지 않습니까. 케네디에게 고개를 숙이지 않고 숙소에 돌아와 약소국이라서 당하는 모욕에 대해 눈물 흘리며 내가 목숨 걸고 대한민국을 일으키겠다고 결심하고 귀국하였습니다.

하지만 경제 개발을 위해서는 많은 돈이 필요하기에 박정희 장군은 대통령이 된 후에 이승만 대통령 때 장학금 받고 독일에 간 학생들에게 연락해서 독일에서 공부할 때 사귄 사람 중에 독일 정부에 높은 관직에 있는 사람을 소개해 달라고 연락하였습니다.

그중에 한 명이 경제 장관이 되어 있는 동창생을 찾아가서 우리나라의 대통령이 경제 개발하려 하는데 독일에서 좀 지원을 해 달라고 부탁했습니다. 2차 대전 후에 독일도 동·서독으로 분단되고 코리아도 남북으로 분단됐으니까 같은 입장이 아니냐고 설득하여 차관을 약속받았습니다.

그런데 보증을 설 은행이 우리나라는 없으니까, 간호사하고 광부를 보내면 그 사람들 노임을 담보로 돈 빌려 줄 수 있겠다고 합의가 되어 광부 3,000명 간호사 2,000명을 보내기로 합의가 되었습니다.

1962년부터 한국의 아가씨들이 서독에 가서 독일 시체 닦았습니다. 병원에서 지저분하고 어려운 일 다 도맡아서 성실히 일했어요. 그리고 광부로 간 남자들은 지하 1천m 광산 밑에 들어가서 석탄 캐고 그것을 담보로 우리가 돈을 3,000만 달러 빌렸습니다.

1964년에 박정희 대통령이 서독 정부의 초청으로 독일에 방문하게 되었는데 서독까지 타고 갈 비행기가 없어서 고민하자 비행기까지 제공해 주었습니다. 박정희 대통령은 정부 인사를 만나기 전에 간호사 광부들 먼저 만났습니다.

간호사와 광부들을 강당에 다 모아놓고 박정희 대통령이 "여러분처럼 해외에 나와서 돈 벌지 않아도 되는 좋은 나라 만들기 위해서 최선을 다하겠습니다"라고 하고서는 일어나서 애국가를 부르는데 우느라고 애국가를 못 불러서 간호사들, 광부들도 울고 육영수 여사도 우느라고 마치지를 못했습니다.

마치고 나서 간호사들이 육영수 여사 치마를 붙들고 "어머니, 우리 한국으로 데려가 주세요. 그 비행기로 우리도 같이 가겠습니다. 시체 닦고 차별받는 것 더 이상 못 하겠어요" 하니까 육영수 여사가 얼마나 가슴이 아팠겠습니까? 대통령두 울고 육 여사도 울고 다시 또 울음바다가 되었답니다.

국민들이 굶어 죽는 것을 더 이상 볼 수 없으니 도와달라는 박정희 대통령의 눈물을 본 서독의 에르하르트 총리는 감동을 받아 차관을 추가로 더 제공해 주는 한편 향후 한국의 역사를 바꿔 놓을 조언을 하였습니다.

"한국은 산이 많던데 산이 많으면 경제발전이 어렵다. 고속도로를 깔아야 한다. 독일은 아우토반을 깔았다. 자동차도 만들어야 하고 중소기업도 육성해야 한다. 우리가 도와주겠다."

에르하르트 총리의 조언을 들은 박정희 대통령은 독일을 떠나기 전에 유학생들을 다 모아서 차를 마시면서 독일에 와서 공부하느라 고생하는데 조국의 발전을 위해 어떤 아이디어나 조언이 있으면 얘기하라고 했습니다.

독일 유학생 중에 철강 기술에 대해 공부한 김 박사라는 사람이 있었습니다. 그는 철강이 산업 발전의 쌀이라고 생각해서 독일 공과 대학에서 제철소 건설로 박사 학위를 받아 제철소에 취직을 해서 어떻게 하면 조국에도 제철소를 만들 수 있을지 밤늦게까지 연구해서 책자로 만들어 두었습니다.

마침, 조국에서 박 대통령이 와서 좋은 아이디어 내라 하니까 김 박사는 한국에도 종합제철소 건설이 필요함을 역설하고 철강 공업의 발전 추진 계획을 제안하는 마스터플랜을 제출했습니다.

박정희 대통령은 김 박사가 제출한 보고서를 보고 만족했고 실제로 많은 영감을 받았습니다. 그리고 과학기술 연구소를 만들어 김 박사를 초청했습니다. 김 박사는 한국에 들어온 이후 박 대통령의 지시에 따라 '종합제철 사업계획 연구위원회'를 맡게 되었는데 포항제철의 태동에 큰 역할을 하게 되었습니다. 박 대통령은 부하 중에 아주 정직하고 부지런한, 전형적인 군인인 박태준 장군을 불러서 독일에서 온 김 박사와 함께 제철소를 만들라고 지시했습니다.

에르하르트 총리가 헤어질 때 박 대통령에게 조언했습니다.

"일본하고 손잡으세요"

박 대통령이 "일본이 우리를 종으로 삼아 36년이나 통치했는데 그런 일본하고 손잡을 수 있습니까"라고 대답하니까 에르하르트 총리가 프랑스와 독일은 37번 전쟁했어도 지금은 서로 손잡고 라인강의 기적을 이루었다며 지도자는 과거가 아니라 미래를 보고 가야 한다고 충고하였습니다.

박 대통령은 한국에 돌아와 에르하르트 총리의 조언대로 김종필을 일본에 보내어 청구권 자금 6억 달러를 보상금으로 받아와서 그 돈으로 포항제철소를 짓고 고속도로를 닦는 데 썼습니다.

그때 경부선 고속도로를 닦으려니까 야당 지도자들이 그렇게 반대했어요. 김대중 선생, 김영삼 선생이 다 앞장서서 반대했어요. 김대중 선생은 자동차도 없는 나라에 고속도로가 무엇이 필요하냐? 공화당이 정치자금으로 쓰려고 한다며 공사하는 불도저 앞에 드러누웠습니다.

나도 그때 운동권이었기 때문에 왕초 격인 김대중 선생이 누우니까 니도 그 옆에 누웠어요. 우리가 드러누워서 고속도로 중단하라고 소리 지르곤 했는데 그때 고속도를 안 닦았으면 지금 우리가 경제 대국에 올라갔겠습니까? 참 우리의 지나간 역사를 돌아보면 파란만장합니다.

박정희 대통령이 살아 있으면 내가 가서 사과하고 싶어요.

"그때는 제가 아무것도 모르고 고속도로에 드러누워서 죄송합니다. 박 대통령님 생각이 옳았습니다."

박 대통령이 돌아가셨으니 사과할 수도 없지요. 박 대통령이 죽은 뒤에 포항 제철이 완성되었습니다. 박태준씨가 포항제철을 완성한 뒤에 박정희 대통령의 묘지를 찾아가 묘지 앞에서 경례하고 "각하 임무 완수했습니다" 하고서는 거기에 소주 한잔 붙고 대성통곡을 했습니다.

우리나라가 그런 과정을 거쳐서 지금은 세계 경제 10등 안으로 들어왔는데 이걸 우리가 감사한 줄 알아야 합니다. 우리 남한이 북한과의 체제 경쟁에서 승리한 거 아닙니까? 해방된 지 80년 동안 북한의 전체주의 공산주의 체제와 남한의 자유민주주의 체제가 경쟁해서 우리가 완전히 승리하였습니다.

지금은 남한의 국력이 북한의 70배입니다. 1961년에는 북한이 우리보다 3배 더 잘 살았는데 지금은 우리가 70배 더 잘 삽니다. 우리가 그런 선배들의 공로를 생각하고 감사한 줄 알아야 합니다.

나라의 경제는 발전했는데 그 그늘에서 기생하는 무리가 있었습니다. 김대중 선생이나 전 대통령, 또 노무현 대통령 같은 분들이 공산주의자라는 것이 아니고 그 정권 때에 공산주의자들이 그늘 밑에서 자랐습니다.

한국의 좌파 운동권은 두 팀이 있습니다. 하나는 '주사파', 즉 NL National Liberation 계열로, 북한 김일성의 주체사상을 따르며 민족해방을 목표로 하는 그룹입니다. 문재인 대통령 때에 비서실장 하던 임종석이나 통일부 장관 하던 이인영, 국회의원하다가 통진당 사건으로 당이 해산된 이석기가 중심인물입니다.

또 하나는 PD People's Democracy 그룹인데 인민민주주의라고 합니다. 순수하게 막스 공산주의 사상으로 나라를 만들자는 사상으로 지금 감옥에 가 있는 조국이나 서울시 교육감을 10년이나 했던 조희연이 이 그룹에 속합니다.

그런데 지금은 NL 그룹이 90%를 장악해서 우리나라 좌익 운동권의 중심은 주사파입니다. 주사파가 도망 다니고 감옥 살고 라면 먹으며 청년들을 길렀습니다.

보수 애국 세력이 잘못한 것이 있습니다. 한국 보수 세력은 지금 뿌린 대로 거두는 겁니다. 안보는 한미 동맹이 해 주고 경제는 재벌이 하고 보수 인사들은 편하게 잘 먹고 잘 살면서 사람을 키우지 않아 지금 이렇게 철저하게 당하는 것입니다.

2000년 6월 15일에 김대중 대통령과 북한의 김정일이 평양에서 만나 회담하고 선언문을 발표했습니다. 이것을 6.15 남북공동선언이라고 하는데 남북이 서로 평화롭게 지내고 연방제를 실시한다는 내용이 있습니다.

그다음 해 2001년에 충청도의 군자산에, 남한에 있는 좌익 세포 조직의 팀장들, 그러니까 밑에 조직원들을 한 4~50명 거느린 좌익 조직의 팀장들 700명이 모였습니다. '군자산의 약속'이라고 하기도 하고 2001년 9월에 모였기 때문에 '9월 태제'라고도 합니다.

3년 내 정당 접수하고 십 년 내에 정권을 잡는다.

이것이 '군자산의 약속' 내용입니다. 그래서 이석기가 국회의원이 되고 통진당 사건이 일어난 것입니다. 십년이면 2011년에 정권을 잡아야 하는데 그렇게 안 되고 지금 2025년에 계엄령을 통해 우리가 보니 좌익이 벌써 사법부에, 입법부에, 군대 내에 뿌리를 내리고 있다는 것을 알게 되었습니다. 윤석열 대통령이 내린 계엄령이 잘했다, 못했다, 뭐 타이밍이 안 맞았다고 말이 많습니다.

나도 처음에는 계엄령을 반대했지요. '지금이 어느 시대인데 계엄령을 내리나? 이 평화 시대에 무슨 계엄령이냐?'라고 생각했는데 나중에 윤석열 대통령이 계엄령을 내린 이유를 들어 보니까 일리가 있는 거예요.

야당이 탄핵을 남발하고 부정선거를 뿌리 뽑아야지만 민주주의가 될 수 있다는 확신을 가지고 계엄령을 내린 것이라고 하니까 국민들도 동의하고 있는 겁니다. 특히 2030세대들이 화가 나서 민주주의를 지키겠다고 지금 거리로 나오는 것입니다.

중국 공산당이 세워진 때가 1921년입니다. 1921년에 중국 공산당원 11명이 모여서 공산당 창당을 했는데 그때 제일 나이가 어렸던 당원이 모택동입니다. 2021년에 창당 100주년이 되어 베이징에서 중국 공산당 창당 100주년 기념행사를 하는데 전 세계에서 공산당이 축하화환을 보내고 깃발을 쭉 걸었습니다.

그 전 세계 공산당 깃발 중에 우리 야당 더불어민주당 깃발이 있는 모습이 사진에 찍혀 나왔습니다. 그러니까 더불어 공산당이냐, 왜 공산당 중국 100주년 기념대회식장에 더불어민주당 깃발이 있느냐고 국민들이 의심을 품고 화가 난 것입니다.

우리가 나라를 지켜야 합니다. 윤석열 대통령은 탄핵당하고 이제 또 6월 3일에 새로운 대통령을 국민들이 선택해야 합니다. 나는 이번 사태를 긍정적으로 봅니다. 우리가 깨어났으니 우리나라가 앞으로 몇 년 동안의 과도기를 지나서 이 고비를 잘 넘기면 나라가 잘될 것으로 생각합니다.

지금은 어렵고 복잡하지만, 한국 교회가 깨어나서 앞장서면 하나님께서 어여삐 여기셔서 한국 교회와 우리나라를 앞으로 크게 쓰실 줄로 믿습니다. 그다음에 우리는 통일한국, 선교 한국을 위해 나가야 합니다.

나는 북한이 어떻게 사는가 해서 여러 번 다녀왔습니다. 80년 후반부터 북한이 굶어 죽는다는 말을 듣고 어떻게 하면 북한을 도울 수가 있을까? 지금 시대에 굶어 죽는다는 것이 무슨 말이냐? 북한을 좀 도와야겠다고 결심하고 중국으로 가서 중국 쪽 두만강 강둑을 걸으면서 기도했습니다.

"하나님 두만강 저쪽에 있는 우리 북한 동포를 도울 길을 열어 주십시오."

중국 쪽 두만강 둑을 걸어가는데, 옆에 있는 중국 마을에 십자가가 있더라고요. 그래서 내가 웬 교회가 있나 하고 갔더니 중국인 목사가 세운 조그마한 교회였습니다. 내가 목사님을 만나서 "나는 남조선에서 온 목사인데 북한을 도울 길이 없을까 해서 기도하면서 다닌다"

라고 했더니 중국 목사님이 마침 새벽에 북조선에서 양식을 구하러 넘어온 아가씨가 있는데 만나 보겠냐고 해서 내가 만나게 해 달라고 했습니다.

만났더니 19살 먹은 아가씨였습니다. 내가 자매는 어떻게 새벽에 두만강을 건너왔냐고 했더니 자기 엄마 먼저 굶어 죽고, 아버지도 굶어 죽고, 동생들이 있는데 자기 어머니가 죽을 때 동생들 살리라고 유언했답니다. 꼭 어머니가 먼저 굶어 죽는데요. 어머니들은 뭐 먹을 게 생기면은 나는 먹었다 하고 애들 먹이는 거예요. 그러니까 엄마들이 제일 먼저 굶어 죽습니다.

동생들이 굶어 죽게 생겨서 새벽에 두만강을 건너서 양식을 구하러 왔다는 말에 내가 얼마나 짠한지 주머니에 있는 달러를 전부 끄집어내서 줬어요. 한 2천 불 되더라고요.

"아가씨, 동생들하고 굶어 죽지 말고 꼭 살아남아서 통일 뒤에 만납시다"하고 달러를 줬더니 두 손바닥으로 달러를 받으면서 "고맙시오. 고맙시오. 이 돈이면 내 동생들 안 죽을 것이요" 하고 하염없이 우는 거예요. 19살 아가씨가 달러를 손바닥에 들고 얼굴을 묻고 우는데 저 영혼이 무슨 죄가 있어서, 체제를 잘 못 만나 2천 불에 저렇게 우는가? 나는 그 아가씨의 눈물을 잊을 수가 없습니다.

그런데 지금은 이상하게 남쪽에서 병이 들었습니다. 남쪽에 병이 들어서 무슨 주사파가 민족의 희망이라고 하니 사이비 교리에 빠진 것 같습니다. 사이비 종교보다 더 무섭습니다. 이것을 고쳐야 하는데 한꺼번에 되는 게 아닙니다. 몇십 년 동안 꽈리를 튼 거라 이걸 고치려면 교회도 정신 차려야 합니다.

  이제 교회도 깨어나고 청년들도 깨어나고 하니까 맘대로 못 하지요. 주사파, 공산주의, 사회주의자들이 대한민국을 접수하려고 하겠지만 하나님이 보호하사 우리나라가 좋은 길로 가서 아시아에서 모범적인 민주주의 국가로 나아가게 될 줄로 믿습니다.

21
감옥에서 배운 진짜 교회

교회의 본질을 논할 때 그리고 교회다운 교회가 됨에 필요한 3가지 요소가 있습니다.

첫째는 "말씀 kerigma"입니다. 둘째는 "사귐 Koinonia", 셋째는 "섬김 Diakonia"입니다.

저는 모태 신앙으로 평생 신앙생활을 하고 신학을 하고 설교하면서도 말씀이 짧았습니다. 그런데 참 은혜로 박정희 대통령의 긴급조치에 반대하는 데모를 했다가 감옥에 갔습니다. 감옥에 간 것이 나에게는 큰 축복이 되었습니다. 독방에 배치받아 0.7평밖에 안 되는 작은 방에서 다른 책은 다 압수해 버리고 성경만 차입시켜 주어서 성경만 보게 되었습니다.

창세기 1장 1절을 읽기 시작해서 계속 읽으니까 토요일 오후에 요한계시록 22장까지 끝나더라고요. 성경 말씀 읽는 것밖에는 할 일이 없으니까, 월요일에서 토요일까지 성경 전체를 한 번 읽고 회개했습니다. 일주일이면 한 번 보는 성경을 1년에 한 번도 안 읽고 설교를 했다고 생각하니 너무나 죄송했습니다.

"피의자 김진홍 15년"

군사 재판에서 마지막 선고를 하더라고요. 그래서 내가 '야 엄청 오래 살라 하네. 좋다 이왕 버린 몸이니 성경이나 실컷 읽다가 나가자' 고 생각하고 엿새 읽고 7일째는 예배드리고 쉬었습니다.

그렇게 6주째 읽었습니다. 예레미야서 4장 3절 4절 읽을 때 성령의 감동이 임했습니다. 말씀이 내 영혼의 거울이더라고요. 성령께서 내 마음을 뜨겁게 하셔서 말씀을 통해서 내 영혼의 헐벗은 모습이 보였습니다.

'아! 참 내가 엉터리 전도사구나.'라는 생각에 회개의 눈물을 흘리면서 성경을 읽었습니다. 그때 내가 큰 은혜를 받아 그다음에는 감옥이 그렇게 안식처가 되더라고요. 계속 성경 말씀을 읽으니까, 하나님이 그 방에 임재하시는 것을 느끼게 되었습니다. 그래서 내가 교인들에게도 가끔 권합니다. 자매들은 좀 곤란하겠지만 형제들은 징역 한 번씩 가라. 성경 들고 가서 법무부 장학생이라 생각하고 성경만 읽다 기 나오라. 평생에 그런 축복이 없다고 유머 삼아 얘기합니다.

태초에 말씀이 계시니라 이 말씀이 하나님과 함께 계셨으니
이 말씀은 곧 하나님이시니라(요한복음 1장 1절)

기독교를 일컬어 말씀의 종교라 하고 우리들의 신앙을 말씀의 신앙이라 합니다. 그런 말씀케리그마에는 3가지가 있습니다.

첫째는 육신이 되어 세상에 오신 말씀 곧 '예수 그리스도'입

니다.

말씀이 육신이 되어 우리 가운데 거하시매 우리가 그의 영광을 보니 아버지의 독생자의 영광이요 은혜와 진리가 충만하더라(요한복음 1장 14절)

우리 가운데 계시는 말씀, 예수님입니다. 우리 가운데 거하심에 언더라인을 합시다. 굉장히 중요한 단어입니다. 우리 가운데가 우리 심령 가운데가 아닙니다. 삶의 현장 한가운데, 부부 생활, 직장 생활, 사회생활 현장에 육신이 된 말씀 그리스도께서 계십니다.

우리 교회에 교인들이 사방에서 모이지요. 여러분이 모이는 가장 가운데 있는 집이 예수님이 사시는 집이라고 생각합시다. 우리 살아가는 커뮤니티 맨 가운데 육신이 된 말씀 그리스도가 계시는데 그 예수님 안에서 은혜 충만, 진리 충만 합쳐서 성령 충만으로 나아가야 합니다. 우리 신앙생활에 그런 기준이 분명해야 합니다.

둘째는 기록된 말씀 곧 '성경'입니다.

성경에 이르기를 '하나님의 말씀은 살았고 운동력이 있다'라고 하였습니다. 살아 역사하시는 하나님의 살아 있는 말씀인 성경은 분명한 운동력이 있습니다. 인간을 변화시키고 세계를 변화시키는 운동력이요, 역사를 만드는 바로 history changing 하는 운동력입니다.

우리가 신앙생활을 정상적으로 하려면 날마다 성경 읽기, 기도하기가 습관이 되어야 합니다. 바쁘게 살다가 말씀과 기도가 멀어지면 영적으로 약해집니다.

내가 애리조나 피닉스에서 여기 뉴욕에 올 때 비행기로 오는데 다섯 시간 걸렸습니다. 그래서 내가 다섯 시간 동안 지루해서 어떻게 하나 생각하다가 성경을 읽기로 작정했습니다. 그래서 사도행전 1장부터 읽기 시작했는데 요한계시록까지 그냥 집중해서 읽으니까 뉴욕 존 F 캐네디 국제공항이더라고요. 내가 다섯 시간을 전혀 지루하지 않게 올 수 있어서 참 기쁘고 뿌듯했습니다.

내일 내가 한국으로 가는 데 15시간 걸립니다. 내가 이번에는 마태복음 1장 1절부터 시작해서 15시간 동안 계속 읽어 보려고 작정하였습니다. 성경 속에 깊이 빠져들면 지루하지 않고 좋은 시간 가지지 않겠나 그렇게 생각합니다. 여러분 주말이나 휴가 때 명절 때 다른 일 제쳐 놓고 성경을 깊이 읽는 시간 가질 수 있게 되기를 바랍니다. 어차피 예수 믿으려고 시작했는데 제대로 투자해야 합니다. 시간을 투자하고 정성을 투자해서 기록된 말씀 성경을 깊이 읽어야 합니다.

셋째는 선포되는 말씀 곧 '설교'입니다.

설교가 바르게 행하여지고 바르게 듣고 바르게 살아야 건강한 교회가 되고 진실한 크리스천이 됩니다. 그러기에 좋은 설교자를 길러내야 합니다. 지금 한국교회의 혼란은 강단의 혼란입니다. 교회는 가깝다고 나가는 게 아닙니다. 말씀이 바로 선포되는 교회, 복음의 엑기스가 제대로 선포되는 교회에 가야 합니다.

교회다운 교회가 됨에 필요한 요소 두 번째는 코이노니아, 성도의 교제입니다.

우리가 보고 들은 바를 너희에게도 전함은 너희로 우리와 사귐이 있게 하려 함이니 우리의 사귐은 아버지와 그의 아들 예수 그리스도와 더불어 누림이라 (요한1서 1장 3절)

예수님 중심으로 사귀는 성도의 사귐이 참 중요합니다. 아무리 설교가 좋아도 성도들의 사귐코이노니아이 약하면 교회에 뿌리내리지를 못합니다. 코이노니아를 통해서 하나님이 주신 선물이 '기쁨 충만'입니다.

나는 지금 84살입니다. 70살에 은퇴하고 다시 시작했습니다. 은퇴가 영어로 리타이어retire인데 엑센트를 앞에 붙이면 말이 달라집니다. '리~타이어RE-tire' 이러면 자동차 바퀴를 다시 갈아 끼운다, 새 출발한다는 의미가 됩니다. 그래서 퇴직금을 몽땅 털어서 동두천의 돌산을 한 8만 평 샀어요. 거기서 내가 이제 일주일 금식하고 계획을 세웠습니다. 여기서 나머지 인생을 끝내자고 결심하고 3가지 목표를 세웠습니다.

1. 늙어서 일하자.

노인 행세하고, 병원만 다니고, 젊은 사람들의 짐 되지 말고, 늙어서도 일하자고 결단하고 지금도 나는 시간만 나면 산에, 들에 나가 일합니다. 노동합니다.

2. 행복하게 살자.

예수 믿는 것이 행복해야지 지루하면 안 되지 않습니까? 우리가 예수 믿는 게 행복하고 예배드리는 것이 신바람 나야 합니다.

3. 베풀며 살자.

이런 구호를 걸고 시작하였기에 84세 나이인 지금에도 열심히 일하고 있습니다. 일하니 건강에 좋고 보람이 있고 함께 일할 동지들이 모여들어 좋습니다.

세 번째가 이제 섬김입니다.

섬긴다고 하니까 교회에 와서 청소하고, 주방 봉사하는 것을 섬기는 걸로 오해해요. 그것은 건물 관리하는 것이고 신학적으로, 성경적으로 섬긴다는 것은 교회에서 받은 은혜, 기쁨 충만한 신앙을 가지고 교회 밖의 세상에서 섬기는 것이 진정한 섬김입니다. 그래서 저 시장에서 채소 장사하는 자리, 정치하는 자리, 교사하는 자리, 그 자리가 섬김의 자리가 되어야 합니다.

독일의 사회학자 중에 《프로테스탄트 윤리와 자본주의 정신》이라는 명저를 남긴 막스 베버라고 있습니다. 막스 베버가 쓴 책 중에 《직업으로서의 정치》라는 책이 있습니다. 그 책의 핵심이 목사가 목회하는 마음으로 정치인도 정치를 해야 한다는 것입니다. 그러니까 국회의원, 대통령을 하거나 어떤 정치를 해도 그것이 내 신앙을 실천하는 섬김이 되어야 합니다.

나는 대학에서 철학을 전공하고 졸업 후에, 학교의 조교가 되었는데 주임 교수가 나에게 다음 학기에 시경을 강의하고 싶은데 영천 쪽에 시경에 아주 조예가 깊은 분이 있다고 시경 강사로 초빙하라고 심부름을 보냈습니다. 그래서 내가 대구에서 영천까지 찾아가서 인사드리고 "어르신 우리 대학에서 다음 학기에 시경을 특강으로 넣고 싶은데 강사님으로 초빙합니다"라고 말씀드렸습니다.

그런데 그 어르신이 아직 준비가 덜 되어서 안 된다는 말을 듣고 내가 놀랐습니다. "아니 어르신 영남 지방에서 최고 권위 있는 분이라고 소문 들었는데요"라고 했더니 "그거는 아니지 내가 후학들에게 시경을 강의하려면은 700번은 읽어야 하는데 내가 아직 500번밖에 못 읽었네. 그러니까 좀 준비가 부족하네"라고 해서 내가 놀래 버렸습니다. 우리 교회에서 그런 말 할 수 있습니까. 목사에게 설교해 달라고 하면 "글쎄 내가 성경을 700번 읽어야 하는데 500번밖에 못 읽었으니까 아직 시간이 이른 데"라고 그렇게 한번 적용을 해 봅시다.

내가 사정사정해서 500번 읽은 어른을 모셨는데 확실히 다르더라고요. 여러분이 은혜 생활하려면 로마서를 최소한 100번 읽어야 합니다. 나는 교인들에게 강조합니다.

"로마서 100번 읽었습니까?"

"이번 방학에는 요한복음 100번 읽읍시다."

100번은 읽어야 진리가 통합니다. 우리가 말씀이 부족하면 교회는 다니는데 영적으로 깊이 들어가지 못하게 됩니다.

> 우리가 사랑함은 그가 먼저 우리를 사랑하셨음이라 누구든지 하나님을 사랑하노라 하고 그 형제를 미워하면 이는 거짓말하는 자니 보는 바 그 형제를 사랑하지 아니하는 자는 보지 못하는 바 하나님을 사랑할 수 없느니라 우리가 이 계명을 주께 받았나니 하나님을 사랑하는 자는 또한 그 형제를 사랑할지니라
> (요한1서 4장 19~21절)

다시 말씀드립니다. 크리스천의 섬김이란 교회 안에서 섬기는 것이 아니라 교회 밖으로 나가서 마을에서, 직장에서, 세상에서 섬기는 것입니다.

저는 목회가 55년째입니다. 저는 목회가 참 좋아요. 목사가 내 체질에 맞아요. 그래서 목사가 된 것을 나는 최고의 선택으로 생각합니다. 그런데 나는 55년간 계속 변두리만 다니며 목회했습니다. 신학교

동기들은 김진홍 목사는 강남에 뭣 좋은데 개척하면 큰 교회 될 텐데 왜 맨날 변두리만 도냐고 해서 내가 강남에는 좋은 목사님들 많이 있지 않냐? 나는 내 목회 방침이 변두리라고 대답하곤 했습니다.

내가 신학교 가기 전에 1년간 농촌에서 시골 목회를 먼저 했습니다. 경상남도와 경상북도의 경계인 달성군이라는 시골에 가서 1년간 목회를 했습니다. 내가 이제 신학교도 안 하고 그냥 전도사로 갔으니까, 목회가 서툴지요.

교인 한 30명 되는 시골 교회인데 5월에 갔습니다. 가정 방문 심방을 갔더니 농사철이라 다 일터에 나가고 집에는 강아지밖에 없어요. 강아지와 예배 볼 순 없지 않습니까? 심방을 해야 하는데 교인은 다 나가있으니 어떻게 할까 고민하다가 내가 아이디어가 떠올랐습니다.

"좋다. 작업복 입고 호미 하나 들고 들에 일 나간 교인들 찾아다니자. 일터에 찾아가서 심방해야겠다."

그래서 내가 호미 들고 작업복 입고 교인들을 찾아갔습니다. 고추밭을 매는 부부에게 가서 한두 시간 같이 고추밭 매면서 이야기하는 거예요. 그럼 서로 소통이 잘 되지요. 두 시간쯤 일하면 참이 나와요. 참 받아 놓고 그 가정 위해서 기도하고 또 다른 농장으로 옮깁니다.

또 이제 시골 사람들은 조를 짜서 모를 심는데 거기 들어가서 같이 모를 심습니다. 두 시간쯤 심으면 점심이 나와요. 들에서 점심 먹거든요. 그러면 이제 수첩을 꺼내서 교회 다니는 사람, 안 다니는 사람 전부 이름을 적습니다.

식사하기도 하면서 전부 축복 기도해 줍니다. 교회 안 다니는 분들도 축복 기도해 드리면 다 좋아합니다. 기도해 드리고 또 옮겨서 일해주면 동네에 소문이 납니다. 주민들하고 관계가 좋아져요.

"전에 있던 목사는 맨날 양복 입고 성경 손에 끼고 땅바닥만 내려다보고 다니더만 이번에 온 새로운 전도사는 집집마다 일해주러 다니네. 근데 잘 할 줄은 모르더만 그래도 그 참 기특해."

주민들이 나를 이제 인정하더라고요. 그런데 한 번은 할머니 한 분이 저녁나절에 나를 찾아왔습니다.

"예배당 선생님 내 아들 군에 가고 영감 할마이가 농사짓는데 내일 콩밭을 매야 해요. 같이 좀 매 주시라요."

그 할머니는 교회도 안 다니는 분인데 그래도 내가 얼른 대답했습니다.

"아이고 할머니 고맙습니다. 같이 하지요"

그다음 날 가서 종일 콩밭 같이 매다가 들에서 점심 먹고 저녁에 또 칼국수 해 주는 길 할머니 집에서 믹고 군에 간 아들을 위해 기도 주고 왔습니다. 그러니까 주민들하고 얼마나 친해지겠습니까.

내가 목회하는 지역에 동네가 다섯 개입니다. 다섯 개 마을에 사는 65세 이상 노인을 조사했더니 37명이에요. 그래서 내가 대접하려고 대구에 나가서 통닭을 40마리 샀어요. 그 사과 궤짝 두 개에 담아 와서 마을 노인 잔치를 했어요. 교회 마당에 가마솥 걸어 놓고 닭곰탕을 만들어 노인들 전부 초청해서 잘 대접했습니다.

식사를 마친 뒤에 "어르신 우리 좀 놀다가 갑시다"하고 두 패로 갈라서 윷놀이하고 진 편은 이제 노래 한 곡씩 부르고 그랬더니 노인들이 춤추고 신바람이 났습니다.

"교회라서 술을 대접 못하는데 냉수 마시고 술 마신 듯이 한번 멋지게 놀아 봅시다"라고 흥을 돋우니까 노인들이 뭐 울산 아가씨부터 찔레꽃 피고 지는~ 까지 나오면서 재미있게 놀고 말합니다.

"야 이 사람들아 경로당보다 예배당이 더 재밌네. 경로당 가지 말고 우리 예배당 다니세."

노인들이 좋은 소문을 내주어 교회가 점점 부흥되었습니다. 하루는 토요일인데 이웃 마을에 있는 교회의 청년 한 명이 나를 찾아왔습니다. 한 5km 떨어진 다른 이웃 교회 청년회 회장이라고 자기소개를 하고 내게 "전도사님, 예수 믿는 사람이 자살하는기 죄인교?"하고 물었습니다.

생명의 주인은 하나님인데, 자기 생명이라도 자기가 끊으면 죄라고 했더니 그 청년이 그렇다면 자살한 사람을 장례 지내는 것도 죄인지 물었습니다. 그래서 사람이 죽었으면 누군가가 장례 지내야 하는 것이지 그건 죄다 아니다 할 성질이 아니라고 대답하고 왜 묻느냐고 물었습니다.

그 청년 교회의 열아홉 먹은 여선생이 며칠 전에 농약을 먹고 자살했는데 목사님이 자살한 건 교리를 어기고 죄지은 것이니 장례를 할 수 없다고 하고 마을 사람들은 모내기 철이라 바쁘니 교회에서 해줄 거라고 미루어, 죽은 지 사흘이 지났는데도 장례를 못 치르고 있어서 소문을 듣고 도움을 받으려고 찾아왔다고 했습니다.

그래서 내가 그 아가씨는 평소에 교회에 제대로 다니던 아가씨였냐고 물었더니 유년주일학교 선생이고 성가대 대원 하면서 새벽기도까지 빠지지 않았던 교인이었는데 술주정꾼 아버지에 정신병자 어머니, 어린 동생들 사이에서 맏딸로 고생만 하다가 지쳐서 그만 자살한 것 같다고 합니다.

듣고 보니 참 사정이 딱해서 내가 가서 장례를 치르는데 나 혼자서는 힘들고 교회 청년 몇이 나를 도와달라고 했더니 "전도사님, 우리가 돕는 건 어렵지 않습니다만 교리 어기고 죽었는데 장례 거들어도 되나요"하고 물어서 나중에 내가 천국 가서 예수님이 "김진홍, 넌 왜 교리 어기고 자살한 시체를 장례했냐?' 하고 꾸지람하시면 "예수님, 난 교리를 몰라서 했습니다. 무식하면 용감하다 했잖습니까" 하고 대답할 테니 걱정하지 말라고 했습니다.

믿음으로 구원받는다고 했는데 그것 때문에 천당에서 쫓겨나기야 하겠냐는 마음으로 자살한 처녀에게 갔습니다. 나는 동네 할머니의 도움을 빌어 염을 했습니다. 농약 믹고 죽으면서 피를 토했던지라 밀라붙은 피 위에 파리 떼가 덕지덕지 달라붙어 있어 파리 떼를 쫓고 물수건으로 피를 닦아내고 손발도 닦고 머리를 빗질했습니다.

처녀의 옷장을 뒤져 그중에서 고운 옷을 골라 갈아입히려는데 가슴께에서 성경이 방바닥으로 굴러떨어져 성경을 주워 펼쳤더니 갈피에 낡아 바래고 손때 묻은 예수님 사진 한 장이 꽂혀 있어요. 나는 그녀가 농약을 마시고 죽으면서도 성경을 가슴에 품고 있었다는 사실에 충격을 받았습니다. 성경을 가슴에 품고 죽는 그 마음으로 죽지 않고 견뎌 나갔으면 언젠가 좋은 시절이 올 수도 있었을 텐데….

그녀의 얼굴을 찬찬히 내려다보며 누이동생이라 생각하니 가슴이 뻐근해지고 눈시울이 젖어와 입술을 깨물어 울음을 삼키며 옷을 갈아입힌 다음 가슴에 다시 성경책을 품어주었습니다.

대충 염을 하고 가마니를 뜯어 들것을 만들고는 이기씨 시체를 그 위에 누이고 교회 청년 셋의 도움을 받아 뒷산으로 올라갔습니다. 손에는 괭이와 삽을 들고 가마니 한 모퉁이를 잡고 올라가는 데 나는 힘에 부쳐 "이 사람들아, 좀 천천히들 가세나" 하고 따라가다가 그만 비탈길에 미끄러지고 말았습니다.

미끄러질 때 손에 잡았던 들것을 놓쳐버리니까 시체가 들것에서 떨어져 비탈길로 데굴데굴 굴러가는 겁니다. 나는 낭패스럽고 미안하기 이를 데 없었습니다. 다행히 구르던 시체가 소나무 등걸에 걸려 멈추서 시체를 품에 안고 아가씨 영혼이 들으라는 듯이 "아가씨, 미안해요. 시체나마 제대로 편하게 못 해줘서 정말 미안해. 땅에서는 고생만 하다 죽었어도 하늘에서는 편히 지내세요. 산비탈을 구르게 해서 정말 미안해요"라고 말하고 시체를 품에 안은 채 산을 올라가 따뜻한 양지에 구덩이를 파고 묻어주었습니다.

소나무를 베어 십자가를 만들고는 무덤 앞에 세워주고 청년들과 함께 기도했습니다.

"예수님, 이 아가씨 천국 들어가게 해주십시오. 우리가 교회에서 배운 바로는 자살해 죽으면 천국에 들어가지 못한다고 했습니다. 그렇지만 예수님, 예외가 없겠습니까? 이 아가씨가 너무 불쌍합니다. 저희가 천국 가서 이 아가씨 만나게 해주시옵소서."

내가 떠듬떠듬 그렇게 기도하자 청년들이 "그렇게 힘들었으면 예배당에서 말이라도 하지. 교회에서는 그렇게 늘 웃기고 명랑하더니 이렇게 죽어버렸냐?" 하며 막 울어요.

나는 청년들이 울음 그치기를 기다리다가 나중에는 등을 떠밀다시피 해서 산에서 내려오는데 내려오다가 생각하기를 그래도 어디에 묻었다고 알려주는 것이 좋을 것 같아서 죽은 처녀의 집에 들어갔습니다. 마당에 들어서니 그녀의 아버지인 듯한 사람이 술에 만취되어 멍석 위에서 큰대자로 누워서 '노들강변 뱃사공'을 부르고 있어요.

내가 열 받아서 저런 인간은 귀신도 안 물어가나 가서 발길로 차버리고 싶은 걸 참았습니다. 그런데 머리가 막 헝클어지고 옷매무새도 엉성한 50 정도 된 아줌마가 방문을 놓고 먼 산을 보고 있더라고요. 그래서 내가 아~ 정신병 걸렸다는 엄마인가 보다, 비록 정신병에 걸린 어머니일지라도 딸을 어디에 묻었다고는 일러주는 것이 도리일 것 같아서 "아주머니, 따님을 산골짜기 양지바른 곳에 묻었습니다. 정신이 들면 찾아가 보시라요. 소나무로 십자가를 만들어 세워두었으니 찾기 쉬울 거예요"하고 돌아서는데 아줌마가 나를 가까이 오라고 손으로 불러요.

그녀의 어머니는 아무 말 없이 돗자리 한쪽 귀퉁이를 들춰 무언가를 끄집어내더니 내게 주며 "선상님, 고맙심더. 내 딸 묻어줘서 고맙심더. 이걸로 가시다가 사이다라도 한 병 사 잡수시라요"라고 해서 받아보니 꼬깃꼬깃 접힌 채 색깔까지 변해버린 낡은 1백 원권 지폐 한 장이었습니다.

그 돈을 받으며 처녀 어머니의 두 눈을 봤는데요. 고달픈 인생살이에 쌓인 슬픔이 가득 괴어 있는 듯 너무나 서럽고 슬픈 눈동자였습니다. 나는 너무 가슴이 아파서 할 말을 잃은 채 실룩거리는 입술을 이빨로 깨물며 돌아서 왔습니다.

설교 준비한다고 서재에 들어가 그 어머니에게서 받은 돈을 성경 위에 올려놓고 한 시간 넘도록 울었습니다. 그렇게 슬프더라고요. 한 시간 울고 내가 무릎을 꿇고 서원기도 했습니다.

"하나님 내가 나중에 목사가 되면 큰 교회, 유명한 목사 이런 거 안 하고 눈물 닦아주는 목회 하겠습니다. 서러운 영혼 보듬어 주고, 품어주는, 예수님처럼 그렇게 사는 목회 하겠습니다."

그래서 내가 평생 동안 빈민촌, 간척지, 변두리, 산골짝에서 목회하고 있습니다. 요한계시록 7장 17절 보겠습니다. 나는 이런 하나님이 너무 좋아요. 우리 하나님이 이런 하나님이어서 참 좋습니다.

이는 보좌 가운데에 계신 어린 양이 그들의 목자가 되사 생명수 샘으로 인도하시고 하나님께서 그들의 눈에서 모든 눈물을 씻어 주실 것임이라(요한계시록 7장 17절)

우리 하나님은 어떤 하나님이십니까? 눈물을 씻어 주시는 하나님, 우리 상처를 보듬어 주시는 하나님입니다. 세상 살아가는 설움과 한을 복음의 능력으로 풀어 주시는 하나님이 얼마나 귀합니까?

우리의 목자 되시는 어린 양 예수님이 얼마나 귀한 예수님입니까? 우리도 이렇게 섬기는 신앙, 디아코니아의 신앙을 가진 성도들로 나아가기를 바랍니다.

"말씀kerigma", "사귐Koinonia", "섬김Diakonia"이 가득한 교회다운 교회가 되길 바랍니다.

애리조나 피닉스

Heart and Seoul Gospel Ministries

신약성경개요

창세기에서 계시록까지(신약)

16. 신약성경개요 ●1
마태복음~고린도후서

17. 신약성경개요 ●2
갈라디아서~빌립보서

18. 신약성경개요 ●3
골로새서~디모데후서

19. 신약성경개요 ●4
디도서~요한계시록

16
신약성경개요 • 1

보좌 앞에 수정과 같은 유리 바다가 있고 보좌 가운데와 보좌 주위에 네 생물이 있는데 앞뒤에 눈들이 가득하더라 그 첫째 생물은 사자 같고 그 둘째 생물은 송아지 같고 그 셋째 생물은 얼굴이 사람 같고 그 넷째 생물은 날아가는 독수리 같은데
(요한계시록 4장 6~7절)

    신약성경개요에 들어가기 전에 서론 격으로 요한계시록 4장 말씀을 먼저 살펴보겠습니다. 천국에 있는 하나님의 보좌 앞에 네 생물이 있습니다. 그런데 앞뒤에 눈이 가득 하다는 말씀은 모든 것을 보시는 하나님, 못 보시는 것이 없는 하나님의 능력을 말합니다.
    하나님의 보좌 앞에 사자, 송아지, 사람, 독수리 같은 네 생물이 있다는 말씀은 4 복음서를 의미합니다. 또 다르게 표현하면 예수님의 네 가지 성품을 의미합니다.
    4 복음서가 왜 필요했느냐? 만약에 마태, 마가, 누가, 요한 4 복음서에서 요한복음이 빠지고 3 복음서만 있으면 예수님을 이해하는데 부족합니다. 동서남북 사방에서 예수님을 비추어 주는 겁니다. 그것을 조명한다고 합니다. 사방에서 예수님을 투영하니까 예수님의 모습이 그늘이 없이, 가려지는 것 없이 볼 수 있습니다.

첫째 생물은 사자인데 사자는 마태복음을 상징합니다.

사자는 동물 중에 왕이기 때문에 사자복음 마태복음은 왕으로 오신 예수님을 조명합니다.

　　둘째 생물은 송아지인데 송아지는 마가복음을 상징합니다.

왜냐하면 소는 모든 것을 희생하는 동물이기 때문에 섬기러 오신 예수님, 종이신 예수님을 뜻합니다.

　　셋째 생물은 얼굴이 사람인데 사람이신 예수를 뜻합니다.

누가복음은 예수님의 인간성 휴머니티에 대해서 가장 강하게 어필합니다.

　　넷째 생물은 날아가는 독수리인데 독수리는 요한복음입니다.

왜냐하면 독수리가 하늘의 날짐승 중에 왕입니다. 요한복음이 하나님이신 그리스도를 조명하기 때문에 독수리 복음이라고 합니다. 내가 이렇게 해석하는 것이 아니고 초대교회 때부터 이렇게 해석을 해 왔습니다.

　　아브라함과 다윗의 자손 예수 그리스도의 계보라
　　(마태복음 1장 1절)

마태복음이 시작되면서 예수님의 족보가 나옵니다. 아브라함과 다윗의 세계라는 말은 족보라는 말입니다. 아브라함은 믿음의 조상이고 다윗은 다윗 왕가의 시조입니다. 그래서 왕이신 예수님의 족보를 나타내는 말씀입니다.

유대인의 왕으로 나신 이가 어디 계시냐 우리가 동방에서 그의 별을 보고 그에게 경배하러 왔노라 하니(마태복음 2장 2절)

동방 박사들이 아기 예수를 경배하러 와서 유대인의 왕으로 나신 이를 찾습니다. 유대인의 왕으로 나신 예수님, 왕이신 예수님이지요.

집에 들어가 아기와 그의 어머니 마리아가 함께 있는 것을 보고 엎드려 아기께 경배하고 보배합을 열어 황금과 유향과 몰약을 예물로 드리니라(마태복음 2장 11절)

선물 세 가지 하나하나에 영적 의미가 있습니다. 동서양을 막론하고 왕들은 황금 옷을 입었습니다. 황금을 아기 예수께 드린 것은 왕으로 오신 예수님을 의미합니다.

유향은 예수님의 신성을 뜻한다고 해석합니다. 유향은 구약시대에 제사장들이 하나님께 제사를 드릴 때 사용했던 향료입니다. 예수님께서 인류의 구원을 위한 대제사장 되심을 의미합니다.

몰약은 고난 당하신 예수님을 의미합니다. 몰약은 옛날 의학이 발전하기 전에 가정상비약이었습니다. 약품이 없던 시대에 올리브유와 몰약 두 가지는 반드시 집집마다 상비약으로 있었습니다.

왕이신 예수님께서 우리를 위해 이 땅에 오셔서 대속하신 예수님의 속죄 사역을 상징하며 황금과 유향과 몰약을 예물로 드렸다고 말씀하고 있습니다.

> 인자가 온 것은 섬김을 받으려 함이 아니라 도리어 섬기려 하고 자기 목숨을 많은 사람의 대속물로 주려 함이니라
> (마가복음 10장 45절)

마가복음은 종으로 오신 예수님, 송아지 복음입니다. "인자人子"란 말이 성경에 자주 나오는데 인자 Son of Man란 말의 뜻은 에덴동산에서 타락하기 이전의 원래 인간이 인자입니다. 성경에서 인자란 말이 나오면 본래 하나님이 창조하신 인간이라는 의미입니다.

섬기러 오신, 종으로 오신 예수님 송아지 복음입니다. 소는 평생 일하고 죽은 뒤에 가죽도 남기고, 고기도 남기고, 심지어 꼬리, 발까지 다 남기니까 섬기는 정신의 대표가 소입니다.

마태복음과 마가복음은 대조적입니다. 마태복음은 왕으로 오신 예수님, 마가복음은 종으로 오신 예수님입니다.

세 번째 누가복음 19장 10절을 찾겠습니다. 성경공부니까 성경을 많이 찾습니다. 성경 찾는 동안에 내가 간증을 많이 합니다. 그랬더

니 어떤 분은 내 간증을 나보다 더 잘해요. 자꾸 들어 가지고요. 내가 한번 집회 중에 간증했더니 어떤 자매님이 "목사님 간증의 순서가 틀렸습니다"라고 해서 어떻게 아냐고 하니까 하도 듣고 들어서 잘 안다고 합니다.

성경을 자꾸 찾아야 됩니다. 성경은 위대한 책입니다. 성경이 이루어지는 데 1500년 걸렸어요. 창세기에서 요한계시록까지 오는데 1500년에 완성된 책이 성경입니다. 어떤 종교, 어떤 철학도 1500년 걸려서 완성된 책이 있을 수 없지요. 그래서 성경이 가지는 위대한 지혜, 영감, 창의력은 세상의 어떤 책과 비교할 수 없습니다.

나는 모태 신앙입니다. 할아버지 때부터 믿고 신학교까지 다녔어도 성경을 많이 안 읽었습니다. 그냥 습관적으로 교회 다녔는데 박정희 대통령 시절에 다행히 감옥 갔어요. 나는 참 감옥 생활이 축복이었습니다. 우리 정치범 중에 중요한 정치범은 독방에 넣었는데 방이 좁아 0.7평입니다. 어느 정도 좁냐 하면 보선 체조를 못 합니다. 발을 펴지 못해요. 그런 작은 방에 혼자 있으니까 다른게 할 것이 없어 성경책만 읽었습니다.

박정희 대통령 유신 체제 시대니까 엄했습니다. 다른 책은 일절 안 되고 성경만 차입시켜 주었습니다. 물론 불제자들은 불경만 읽을 수 있습니다. 교도관이 정치범들에게 성경할래? 불경할래? 물으면 종교가 없는 사람들도 열 명 중 아홉 명은 성경입니다. 불경 달라는 사람 없었어요. 그런데 감옥에서는 성경을 성경이라 안 그러고 이스라엘 무협지라고 합니다. 재미가 있으니까요. 삼손과 데릴라의 러브 스토리, 다윗이 골리앗 쓰러뜨린 이야기를 다 무협소설로 보는겁니다.

내가 성경을 읽고 읽다가 은혜받았습니다. 예레미야서 4장 읽다가 3절, 4절에 오니 성경이 살아 있어요. 살아 있는 김진홍과 살아 있는 말씀이 만났습니다. 성경이 내 영혼의 거울입니다. 내가 성경 읽으면서 자신의 부끄러운 모습을 보았습니다.

'아 내가 참 위선자다. 박정희 물러가라고 그랬는데 박정희가 문제가 아니구나. 내가 참 죄인이구나'

내가 회개하면서 읽었어요. 내가 지금도 그 성경을 갖고 있는데 낡아서 너덜너덜하지요. 그래도 못 바꿉니다. 그때 은혜받고 눈물 떨어진 자국들이 있어서 지금도 은혜가 됩니다. 말씀은 위대합니다. 말씀의 능력을 접해야 합니다.

내가 미국 교회에 가서 집회를 인도했는데 교인들이 한 명도 성경을 안 가지고 들어와서 이상하다 하고 보니까 의자 앞에 성경이 다 배치돼 있더라고요. 그것 빼서 읽고, 다시 꽂아 놓고 가는 겁니다. 그래서 내가 "그러면 안 됩니다. 성경을 가지고 다니세요. 가지고 다니면서 성경이 항상 손 닿는 자리에 있어야 됩니다"라고 권했습니다.

성경은 살아 있는 책이에요. 감옥에서 살아 있는 나하고 살아 있는 말씀이 만나 그때 내가 완전히 성경 말씀에 푹 빠진 거지요. 그러니까 감옥에 들어갈 때 하고 감옥에서 나올 때 하고 내가 딴사람이 되었습니다. 그래서 내가 참 성경이 위대한 걸 강조하지요.

신학교에서도 현대 신학자들이 뭐라고 했는지만 가르치니까 성경을 제대로 접하지 못하고 졸업하면 성경이 짧아요. 그러니까 영적으로 깊이 들어가지 못합니다.

　전 세계에 영성이 가장 깊은 민족이 두 민족입니다. 유럽과 아시아 합쳐서 유라시아라고 하는데 유라시아 대륙 서쪽에 이스라엘이 있습니다. 동쪽에 코리아가 있어요. 이스라엘과 코리아가 가장 영성이 두드러진 민족인데 차이점이 있어요. 서쪽의 이스라엘 민족은 그 영성이 구약적인 영성, 율법적인 영성입니다.

　그런데 동쪽의 코리아 영성은 신약적인, 복음적인 영성입니다. 구약 시대에는 이스라엘이 크게 쓰임 받았지만 앞으로 신약 시대에는 코리아가, 한국 교회가 크게 쓰임 받을 것으로 믿습니다.

　한국 교회가 굉장히 중요합니다. 한국 교회 목회자들과 크리스천들은 긍지를 가져야 합니다. 우리가 말세에 복음 전하는 선택된 백성입니다. 그래서 내가 선택된 백성이 영어로는 초선 피플chosen people이니 조선 사람을 택했다고 말합니다. 세계복음화를 위해 선택된 백성이 바로 우리 쿠리아, 한국교회입니다.

　존 윈스럽John Winthrop이라는 영국의 청교도 지도자가 1630년에 대서양을 건너서 보스톤으로 향했습니다. 그런데 대서양에서 큰 태풍을 만났어요. 조그만 나무배가 그 대서양 파도에 당해 내겠습니까? 완전히 배가 가라앉게 되니까 존 윈스럽이 배 위에서 기도했습니다.

"하나님께서 우리를 무사히 신대륙에 도착하게 하시면 하나님을 섬기는 백성이 되겠고 하나님의 백성, 언약의 백성이 되겠습니다."

언약 신앙입니다. 그 나무배 위에서 하나님과 언약을 맺었습니다. 살려주시면 하나님을 섬기는 나라, 하나님의 백성, 세계에 복음 전하는 나라 세우겠다고 약속했는데 무사히 도착했습니다.

언약에 따라 도시를 세우면서 도시 이름을 '언덕 위에 도시 City on a Hill'이라고 했습니다. 도시가 언덕 위에 있으면 다 보이잖아요. 그래서 온 세계가 미국 보스턴에 세워진 그 언덕의 도시를 보고 '아 예수는 저렇게 믿는구나. 인생은 이렇게 살아야 하는구나.' 그러라고 '언덕 위에 도시'라고 했습니다.

시장을 뽑거나 보완관을 뽑는데도 세례 교인만 투표권이 있었습니다. 미국이 그렇게 시작됐습니다. 그리고 맨 처음 세운 학교가 신대륙의 영적 지도자를 키우자고 신학교를 세웠는데 하버드 신학교입니다. 지금은 하버드 대학이 전 세계 최고의 대학이 됐지만 그 시절의 영성은 없어졌어요. 그러니까 이게 문제가 되지요. 미국이 나라를 세울 때 언덕 위에 도시를 세우겠다는 그 언약 신앙을 지키면 세계의 지도력 국가가 되는데 언약 신앙을 버리면 미국이 약해집니다.

성경 찾으라고 내가 이런 얘기 저런 얘기 합니다. 이제 성경공부로 다시 돌아갑니다.

인자가 온 것은 잃어버린 자를 찾아 구원하려 함이니라
(누가복음 19장 10절)

'잃어버린 자를 찾아오신 예수님'
'인간성이 풍부한 예수님'

누가복음에서 인간이신 예수님에 대해서 가장 강조했습니다. 그래서 4 복음서 중에 예수님의 출생 이야기, 어린 시절 이야기가 누가복음에 가장 강하게 나옵니다. 양 아흔아홉 마리 비유, 선한 사마리아인 비유, 예수님이 민망히 여기시고 예수님이 슬퍼하시는 것에 대해서 누가복음이 강조합니다.

다음에 <u>요한복음</u>은 하나님이신 그리스도입니다. 그래서 요한복음에는 예수님의 출생 얘기가 없어요. 어린 시절 얘기도 없어요. 요한복음이 시작되자마자 선포합니다.

태초에 말씀이 계시니라 이 말씀이 하나님과 함께 계셨으니
이 말씀은 곧 하나님이시니라(요한복음 1장 1절)

요한복음에는 주제가 '말씀, 생명, 사랑, 믿음' 네 가지입니다.

특별히 요한복음은 믿음을 강조해서 믿음이란 말이 요한복음에 98번 나옵니다. 그래서 요한복음을 읽고 믿음을 가지고 생명을 얻는 것입니다. 요한복음을 시작하며 말씀이 계신다고 했는데 이 말씀이 어떤 말씀인지가 매우 중요합니다.

말씀이 육신이 되어 우리 가운데 거하시매 우리가 그의 영광을 보니 아버지의 독생자의 영광이요 은혜와 진리가 충만하더라(요한복음 1장 14절)

기독교를 말씀의 종교라고 하는데 신학적으로 세 가지입니다.

첫째 육신이 된 말씀, 예수 그리스도입니다.
두 번째 기록된 말씀, 성경입니다.
세 번째 선포되어지는 말씀, 설교입니다.

그래서 설교가 중요합니다. 설교가 중요하기 때문에 목사님이 중요한 것입니다. 목사님이 설교 중에 말씀을 제대로 선포 안 하고 딴 얘기만 자꾸 하면 안 되지요. 설교는 말씀을 선포하는 것입니다. 옛날에는 목회자가 교인을 찾아다녔는데 지금은 달라요. 교인이 목사를 찾아다닙니다. 어떤 교회가 말씀을 제대로 선포하는가 찾습니다. 왜냐하면 말씀이 생명을 주는 것이기 때문입니다.
　요한복음에서 1장 14절 말씀에 아주 중요한 말씀이 나옵니다.

　우리 가운데 거하시매

'가운데 거하심'이 우리 마음 가운데 거하심이 아닙니다. 'in our hearts'가 아닙니다.

'삶의 현장 한 가운데'

'사람과 사람 사이, 가족과 가족 사이, 부부 사이'에 예수님이 와 계십니다. '우리 심령 속'으로 잘못 이해하면 본문의 의미와 틀립니다. 말씀이 육신 그리스도가 되어서 우리가 살아가는 삶의 현장 한 가운데 계십니다. 여러분 가정에 예수님이 와 계시는 줄 믿습니다. 여러분 일터에 예수님이 와 계시는 걸 믿으시기 바랍니다.

> 우리가 그의 영광을 보니 아버지의 독생자의 영광이요 은혜와 진리가 충만하더라

은혜 충만, 진리 충만 합쳐서 성령 충만입니다. 예수님 안에서 성령 충만하다는 것은 은혜만 넘쳐서도 안 되고 진리만 충만해서도 안 되고 이 둘이 합쳐야 은혜 충만, 진리 충만, 성령 충만입니다.

요한복음의 핵심 되는 말씀이 요한복음 3장 16절입니다. 키워드 keyword라 하는데 열쇠가 되는 말씀이라는 뜻입니다. 기독교 신앙은 성경이 다 사라져도 요한복음 3장 16절만 있으면 기독교는 유지된다고 상징적으로 말한 사람도 있습니다.

> 하나님이 세상을 이처럼 사랑하사 독생자를 주셨으니 이는 그를 믿는 자마다 멸망하지 않고 영생을 얻게 하려 하심이라
> (요한복음 3장 16절)

요한복음 3장 16절을 작은 복음이라고 합니다. 하나님이 '교회'를 사랑하사가 아니라 하나님이 '세상'을 사랑했습니다. 어떤 세상입니까? 죄 많고 싸움질하고 속이고 속는 세상입니다. 그러니까 죄 많은 세상을 피해서 교회 와서 사는 게 아닙니다. 교회에서 은혜 받고, 능력 받아 죄 많은 세상으로 나가서 소금이 되고 빛이 되는 것이 예수 믿는 사람들의 생활이요 사명입니다.

요한복음 다음에 사도행전이지요. 사도행전은 1장 8절이 사도행전의 키워드, 열쇠가 되는 말씀입니다. 사도행전의 주제입니다.

> 오직 성령이 너희에게 임하시면 너희가 권능을 받고 예루살렘과 온 유대와 사마리아와 땅 끝까지 이르러 내 증인이 되리라 하시니라(사도행전 1장 8절)

'오직'이란 말은 다른 대안이 없다는 말씀입니다. 사도행전 1장 8절에서 '권능'이란 말과 '증인'이란 말이 중요합니다.
'권능'이란 말은 헬라어로 '두나미스'인데 4가지 성령의 능력으로 나타납니다.

> 첫째는 믿는 자들을 구원하는 능력입니다.
> 둘째는 병든 자들을 치유하는 능력입니다.
> 셋째는 낙심한 자, 절망하는 자에게 용기와 희망을 주는 능력

입니다.

넷째는 역사를 변화시키고 새 역사를 만들어 나가는 능력입니다.

성령의 능력이 임하면 예루살렘과 유다와 사마리아와 땅끝까지 이르러 예수님의 증인이 된다고 하셨습니다. '증인'은 헬라어 성경에서 '말투리아'입니다. '말투리아'에서 나온 영어가 마터martyr 인데 순교자라는 뜻입니다. 초대교회는 예수 믿고 증거하면 사형장으로 끌려갔습니다. 그래서 초대교회 때는 복음의 증인이란 말과 순교자란 말이 같은 말이 되었습니다. 지금은 우리가 복음 전한다고 징역 사는 것도 아니고 벌금 내는 것도 아니지만 복음을 증거하는 삶이 되어야 합니다.

로마서는 16장으로 이루어진 서신입니다. 절수로는 433절이요, 글자 수로는 헬라어 원문으로 7천자 안팎입니다. 찬찬히 읽으면 40여 분에 읽을 수 있습니다. 그런데 이 짧은 글이 세계사를 수차례 변화시켰기에 로마서를 일컬어 역사를 만드는 책, History Making Book 이라 부르고 역사를 변화시키는 책, History Changing Book이라 부릅니다.

그러므로 형제들아 내가 하나님의 모든 자비하심으로 너희를 권하노니 너희 몸을 하나님이 기뻐하시는 거룩한 산 제물로

드리라 이는 너희가 드릴 영적 예배니라(로마서 12장 1절)

로마서에서 복음의 증인으로 사는 것에 대한 말씀이 또 나옵니다. 구약 시대는 죽은 제물들이었습니다. 양이나 염소를 잡아서 제단에 올렸지요. 그런데 지금 은혜 시대에는 짐승을 죽여 제사 지내는 것이 아니라 살아 있는 제물, 산제물로 드립니다. 삶이 제물이 돼야 한다는 거지요.

우리가 주일날 예배드리는 것, 물론 중요합니다. 그러나 날마다의 삶이 예배드리는 삶이 되어야 합니다. 그래서 로마서 12장 2절이 로마서에서 아주 중요한 구절입니다.

> 너희는 이 세대를 본받지 말고 오직 마음을 새롭게 함으로 변화를 받아 하나님의 선하시고 기뻐하시고 온전하신 뜻이 무엇인지 분별하도록 하라

세상 가치관, 세상 풍속에 발맞춰 가지 말고 말씀의 능력으로 내가 변화되어 세상을 변화시키는 것입니다. 로마서 12장 2절을 딱 줄이면 '변화되어 변화시키자'입니다.

> 내가 복음을 부끄러워하지 아니하노니 이 복음은 모든 믿는 자에게 구원을 주시는 하나님의 능력이 됨이라 먼저는 유대인에게요 그리고 헬라인에게로다 복음에는 하나님의 의가 나타나

서 믿음으로 믿음에 이르게 하나니 기록된 바 오직 의인은 믿음으로 말미암아 살리라 함과 같으니라(로마서 1장 16~17절)

로마서를 대표하는 가장 중요한 말씀입니다. 로마서의 키워드지요. 창세기에서 요한계시록까지 66권의 키워드를 쭉 찾아 읽으면 은혜가 됩니다. 그러면 복음의 흐름이 딱 마음에 잡힙니다.

마르틴 루터가 이 말씀을 읽고 가톨릭의 수도원 신부로 있다가 회개하고 종교개혁을 하게 되었습니다. 이 말씀이 종교 개혁 운동의 출발점입니다. 그리고 감리교를 창설한 요한 웨슬레도 이 말씀을 읽고 심령이 뜨거워져서 변화 받아 변화시킨 사람이 되었습니다. 이런 말씀은 반드시 암송하셔야 합니다.

오늘날에도 이 나라 저 나라가 하나 같이 부르짖는 것이 개혁이고 개조입니다. 우리나라에서도 지금까지 지겨울 정도로 들어온 말이 개혁, 개혁입니다. 그러나 이러한 개혁이 모두 사회의 제도직, 외부적 개혁을 논하고 있으나, 로마서의 개혁은 우리 심령의 내면적인 개혁입니다.

신약 성경 27권 중에 13권이 사도 바울이 쓴 책인데 목회에 도움이 되게 쓴 책이 목회 서신, 감옥에서 보낸 편지를 옥중 서신이라 부릅니다. 고린도 전후서는 목회서신입니다.

고린도 교회와 한국 교회가 비슷합니다. 분쟁이 많아요. 한국교회 싸움하는 거 유명하잖아요. 내가 사는 동두천에서 서울로 지하철 타고 가는데, 지하철에 청년 두 명이 타더니 막 말다툼을 해요. 그러니까 옆에 앉은 노인이 "야 이 사람들아 싸우려면 예배당 가서 싸우지 왜 지하철에서 싸우냐"고 해서 내가 쇼크받았습니다.

고린도 교회기 분쟁이 심해서 아볼로파, 바울파, 베드로파로 갈라져 싸웠습니다. 그리고 고린도 교회는 은사가 뜨거웠습니다. 방언 은사, 통역 은사 가지고서 다투는 겁니다. 그리고 고린도 교회는 스캔들이 많았어요. 한국 교회하고 비슷하지 않습니까? 그러니까 이제 고린도전후서를 잘 읽으면 한국 교회의 목회 교과서가 됩니다.

<u>고린도전서</u>의 주제이며 키워드가 고린도전서 1장 18절입니다.

> 십자가의 도가 멸망하는 자들에게는 미련한 것이요 구원을 받는 우리에게는 하나님의 능력이라

서로 다투지 말고 십자가만을 자랑하라는 말씀입니다. 십자가의 도가 구원받는 우리에게는 하나님의 두나미스, 하나님의 능력입니다. 그래서 고린도전서가 참 깊이가 있습니다.

고린도전서 12장, 13장, 14장이 은사장입니다. 사도 바울이 고린도 교인들이 은사 때문에 다투니까 설명을 한 것입니다. 찬찬히 읽어보시면 은사에 대해 이해가 갑니다.

<u>고린도후서</u> 5장 17절이 고린도후서의 중심입니다. 키워드입니다.

그런즉 누구든지 그리스도 안에 있으면 새로운 피조물이라 이
전 것은 지나갔으니 보라 새 것이 되었도다

내가 오하이오 크리브랜드에서 집회를 했는데 낮 공부 마치고 점심 먹은 후에 그 교회 목사님의 부탁으로 중병이 걸려서 병원에 입원하신 분의 병문안을 갔습니다. 병원 심방하며 내가 옛날에 죽을 병에 걸렸는데 욥기를 읽고 은혜받아서 병에서 회복되었다고 했더니 마치고 난 뒤에 환자가 "목사님 오늘 참 은혜받았습니다. 그런데 목사님 욥기란 책을 어디 가면 사지요"라고 물었습니다.

내가 집사라는 그분에게 "성경에 욥기를 몰라요?" 그러려다가 그분이 미안해 할까봐 참았습니다. "차차 알게 될 겁니다"라고 했는데 지금은 알았겠지요. 욥기가 어딘지도 모르는데 집사가 됐어요. 집사를 너무 쉽게 주는 거예요. 그리고 성경의 기초도, 구원의 두나미스노 해설이 안 됐는데 장로가 되니까 교회의 영직 질서가 잘 안 시게 됩니다. 조심해야 합니다.

In Christ

사도바울의 주제입니다. 그리스도 안에 있어야 합니다. 그리스도 밖에 있으면은 크리스천이 아닙니다. 구원받지 못한 크리스천입니다. 예수님 안에 들어오면 새 사람, 새로운 삶이 시작됩니다. 그 은혜가 여러분 앞에 넘치게 임하기 바랍니다.

17
신약성경개요 • 2

그리스도께서 우리를 자유롭게 하려고 자유를 주셨으니 그러므로 굳건하게 서서 다시는 종의 멍에를 메지 말라
(갈라디아서 5장 1절)

갈라디아서의 이 말씀은 종교 개혁의 깃발을 들었던 마르틴 루터가 가장 좋아했다는 말씀이고 우리나라 건국 대통령 이승만 대통령이 평생토록 좌우명으로 삼았던 말씀입니다. 이승만 대통령은 본래는 크리스천이 아니었는데 1889년 고종 폐위 사건에 연루되어 사형수로 옥중 생활할 때 선교사들이 그 재능이 아까워서 성경을 들여보내 줬습니다.

이승만이 옥중에 있으면서 성경을 읽다가 예수님을 영접하고 1899년에 크리스천이 되었는데 감옥에 있는 동안에 41명을 전도했습니다. 전도 받았던 41명이 거의가 독립운동하는 분들이 되었습니다. 그 중에는 이준 열사, 이상재 장로 같은 분이 있습니다.

이승만 대통령이 평생에 두 가지 목표가 있었습니다. 어떻게 하면 일본의 속박에서 벗어나서 자유민주주의 국가를 세우느냐가 첫째요, 어떻게 하면 기독교 국가를 세우느냐가 둘째였습니다. 참 귀한 어른이지요.

그리스도께서 우리를 자유케 하려고 십자가에서 피 흘려 죽기까지 한 것 아니냐? 그러니 그리스도를 주인으로 믿는 사람은 다시는 무엇에든지 종이 되지 말라는 말씀입니다. 자유함을 누리는 것이 참 중요한 일입니다.

1945년 해방된 뒤에 북한 땅은 소련군이 주둔해서 전체주의, 공산주의를 채택하고 남한은 이승만 대통령을 중심으로 자유민주주의를 선택했는데 그 세월이 올해가 80년째입니다. 남북이 분단된지 80년 만에 체제 전쟁에서 남한이 승리했습니다. 자유민주주의 남한은 공산주의 북한보다 경제력과 국력이 70대 1입니다. 참 자유를 누린다는 것이 정신적으로도 자유롭고 경제적으로도 부강해지고 서로 배려하고 살아가는 사회를 건설할 수 있게 합니다.

우리 크리스천들의 신앙은 4가지 기준이 있습니다.

첫째는 거룩한 개인.
둘째는 건전한 가정.
셋째는 건강한 사회.
넷째는 정의로운 국가.

이 4가지가 개신교의 신학적인 바탕이고 생활 윤리입니다. 우리 청교도 신앙의 기본이 됩니다.

가끔 사이비 신앙이 세상을 어지럽게 합니다. 이런 사이비 신앙의 특징이 "무조건 믿으라." 입니다. 지도자를 비판하지 못하게 합니다.

그러나 비난과 비판은 다릅니다. 비난하면 안 되지요. 비난하는 것은 잘못된 것이고 열린 마음으로 비판해야 합니다. 목사님이 잘못하면 화내지 말고, 자기 감정을 섞지 말고 말할 수 있어야 합니다.

"목사님 사실 이런 것은 이해가 잘 안되네요. 조금 성경적이 아닌 것 같은데요."

비판은 성령이 역사하시고 비난은 사탄이 이용하는 겁니다. 그런데 사이비 신앙에 가까울수록 지도자들이 자기를 무조건 따르라 하고 비판하지 못하게 합니다. 우리 기독교는 2,000년 동안에 끊임없는 비판 속에서 자라온 최고로 건강한 신앙입니다.

> 찬송하리로다 하나님 곧 우리 주 예수 그리스도의 아버지께서 그리스도 안에서 하늘에 속한 모든 신령한 복을 우리에게 주시되 곧 창세 전에 그리스도 안에서 우리를 택하사 우리로 사랑 안에서 그 앞에 거룩하고 흠이 없게 하시려고 그 기쁘신 뜻대로 우리를 예정하사 예수 그리스도로 말미암아 자기의 아들들이 되게 하셨으니 (에베소서 1장 3~5절)

에베소서 1장의 복은 복인데 땅에 속한 복이 아니고 하늘에 속한 복입니다. 하나님이 우리에게 복을 주셨는데 그 복이 무엇이냐 하면 하나님의 아들, 딸이 된 복입니다. 잘살게 됐다거나 성공했다는 차원이 아니고 땅의 자녀, 육신의 자녀에서 하늘의 자녀, 영적인 하나님의 자녀가 된 것입니다. 우리가 하나님의 자녀가 되었는데 하나님께서 우리에게 기대하시는 것이 있습니다.

> 이는 그가 사랑하시는 자 안에서 우리에게 거저 주시는 바 그
> 의 은혜의 영광을 찬송하게 하려는 것이라(에베소서 1장 6절)

하나님의 아들딸 된 것을 감사해서 하나님을 찬송하는 것을 우리의 하나님께서 원하십니다. 어렵지 않죠? 하나님을 찬양하는 삶이 되기를 바랍니다.

복음의 액기스가 들어 있는 것이 에베소서 1장 7절입니다. 시간이 있다면 모이신 한 분 한 분에게 에베소 1장 7절 말씀을 아멘으로 받아들이는지 그걸 꼭 확인하고 싶습니다. 진정한 크리스천은 에베소 1장 7절을 통과해야 합니다.

> 우리는 그리스도 안에서 그의 은혜의 풍성함을 따라 그의 피
> 로 말미암아 속량 곧 죄 사함을 받았느니라(에베소서 1장 7절)

거듭난 born again 크리스천이 되는 기본 과정 process 입니다.

그리스도 안에서 In Christ

핵심이 '그리스도 안에서'입니다. 헬라어로는 엔 크리스토입니다. 세상에서 찾지 못하던 진리를 그리스도 안에서 찾는 은혜를 입었습

니다. 은혜란 말이 헬라어로는 카라인데 세 가지 뜻이 들어있습니다.

'선물. 공짜. 기쁨'

그래서 내가 사는 것이 영적이냐 아니냐 판단할 수 있는 기준의 하나가, 살아가는 것이 기쁘면 은혜가 있는 것이고 우울증 생기고 걱정스럽고 잠 못 자면 이거는 영적인 데서 멀어져 있는 겁니다. 은혜를 받을수록 편안해집니다. 그러면 얼굴이 편안한 기운이 나타나요.

예수님이 십자가에서 흘리신 피가 나를 위해서 흘리신 것이라고 믿으면 우리의 허물과 죄와 짜증과 불행과 우울증을 다 가져가십니다. 우리를 하나님의 자녀 되게 하고 평화로운 삶을 허락하시기 위해서 예수님이 대신 값을 치러주셨습니다. 무슨 값이요? 핏값입니다. 그래서 그리스도의 피, 십자가의 피, 피의 공로를 계속 말하는 겁니다. 여기에 아멘, 아멘으로 화답 할 수 있어야 합니다.

난 모태 신앙으로 어머니 뱃속에서부터 교회 다녔습니다. 고등학교 때는 교회 학생회장을 2년이나 하고 또 청년회 회장도 하면서 교회에서 살았는데 예수님이 내 허물과 죄를 사하셨다는 구원의 확신이 없었습니다. 예수님을 인격적으로 만나지 못했어요.

대학에 들어가서 철학을 하면서 방황했습니다. 도무지 성경이 믿어지지 않아서 영적인 방황을 하다가 대학교 졸업 후 1968년 12월 4일에 에베소서 1장 7절을 읽고 영적인 눈이 열렸습니다. 복음을 깨달았습니다.

에베소 1장 7절 읽고 지나갔는데 머릿속에 무슨 헤드라이트 불빛 같은 것이 번쩍했어요. 그래서 다시 두 번째 읽고 "아! 예수님이 내 허물과 죄를 다 용서하시고 나를 구원하셨구나. 예수님이 십자가의 피값을 치르고 나를 구원하셨구나"하고 깨달았습니다. 그래서 내가 고백했습니다.

"예수님은 나의 구주십니다."

얼마나 기뻤는지 말로 다 표현할 수 없었습니다. 내가 어려서부터 교회 다니고 학생회 회장하고, 청년회 회장하고, 성가대도 했는데 교회 안에서 다닌 거지 예수님 안에서가 아닌 걸 깨달았습니다. 그리스도 안에서 복음의 감격, 기쁨, 은총을 누려야 하는데 거기까지 도달하지 못하다가 1968년 12월 4일 밤에 이 말씀을 깨닫고 감격의 눈물을 흘리고 찬송가를 부르고 또 불렀습니다.

"내가 예수 믿고서 Everything is Changed"

내가 예수 믿고서 죄 사함 받아 나의 모든 것 다 변했네
지금 내가 가는 길 천국 길이요 주의 피로 내 죄가 씻겼네
나의 모든 것 변하고 그 피로 구속 받았네
하나님은 나의 구원 되시오니 내게 정죄함 없겠네

그다음 날 미국 유학하려고 수속하던 것을 다 쓰레기통에 던져 버리고 신학교에 갔습니다. 여러분 우리가 이런 찬송 부를 때는 복음에 대한 감격이 있어야 합니다. 이 찬송가의 영어 제목이 everything is change입니다.

모든 것이 변했다 everything is change

누구 안에서 변했습니까? 예수님 안에서 모든 것이 변했다. 삶이 변화되는 것입니다. 이렇게 속량, 죄 씻음 받고 난 뒤에 우리에게 하나님이 주시는 것이 8절입니다.

이는 그가 모든 지혜와 총명을 우리에게 넘치게 하사

지혜와 총명은 그 단어의 의미가 다릅니다. 지혜는 하나님의 뜻을 분별하는 영적 지혜이고 총명은 세상적인 판단력, 세상적인 통찰력 insight입니다. 나 같은 사람은 목회자니까 지혜가 중요하지요. 장로님이나 집사님 같은 비즈니스를 하는 분들은 총명이 있어야 투자를 잘하지요. 또 학자는 연구를 잘하고요. 지혜와 총명을 합쳐서 성령충만입니다. 여러분 그리스도 안에서 성령 충만으로 잘할 수 있게 되기 바랍니다.

이제 9절 10절이 에베소서에서 아주 중요한 내용입니다.

그 뜻의 비밀을 우리에게 알리신 것이요 그의 기뻐하심을 따
라 그리스도 안에서 때가 찬 경륜을 위하여 예정하신 것이니
하늘에 있는 것이나 땅에 있는 것이 다 그리스도 안에서 통일
되게 하려 하심이라

복음의 신비지요. 사람의 지식으로 알 수 없는 신비, 하나님 뜻의 신비는 세상적으로는 알 수가 없습니다. 계시된 말씀을 통해서 성령의 감동으로 알게 되는 신비를 우리에게 알려주셨습니다.

'경륜' 經綸이란 말에 줄을 칩시다. 그리스도 안에서 때가 되어 드러나는 경륜, 인류를 구원하시고 우주를 다스리시는 하나님의 경륜입니다. 하나님의 경륜이라는 말이 성경 원문에는 '오이코노미아'입니다. 이 단어는 합성어입니다. '오이코노미아'는 '오이코스_oikos'와 '노모스_nomos'란 두 단어가 합하여진 말입니다. 그래서 합성어라 합니다. '오이코스'는 집이란 뜻이고 '노모스'는 규범입니다. 합해서 이해하자면 한 집안을 이끌어 가는 규범 혹은 규칙을 일컫습니다. 그래서 하나님의 경륜이란 온 우주를 이끄시는 하나님의 규범입니다.

하늘에 있는 것이나 땅에 있는 것이 다 그리스도 안에서 통일
되게 하려 하심이라(에베소서 1장 10절)

그리스도 안에서 하나가 되는, 거룩한 하늘의 것과 속된 땅의 것이 그리스도 안에서 하나가 됩니다. 온 우주와 세계를 다스리시는 하나

님의 경륜, 경영이 있어서 하늘과 땅이 그리스도 안에서 하나가 되는 겁니다. 이것을 다르게 표현하면 교회와 세상이 하나요. 김진홍 목사가 교회에서 설교하는 것하고 김 집사가 햄버거 가게 하는 것이 하나로 거룩한 것입니다. 누구 안에서요? 그리스도 안에서입니다.

개신교 신앙의 원리는 빵 가게 하는 제사장, 목사 하는 제사장, 자녀를 낳아서 키우는 제사장, 다 예수님 안에서 제사장입니다. 하늘의 것과 땅에 것, 교회의 것과 세상의 것이 그리스도 안에서는 하나가 된다는 것이 신학적으로 일원론입니다. 하늘과 땅, 세상과 교회를 분리하는 것을 이원론이라 하는데 이것은 헬라 사상이고 동양 사상이지 성경적인 사상은 아닙니다.

하늘과 땅, 교회와 가정, 교회와 직장이 다 하나님의 뜻, 경륜 안에서 하나가 되는 겁니다. 크리스천의 삶이 거기서 바로 서야 합니다.

주 안에서 항상 기뻐하라 내가 다시 말하노니 기뻐하라
(빌립보서 4장 4절)

<u>빌립보서</u>의 핵심입니다. 빌립보서는 바울이 로마 감옥에 있으면서 자기를 옥바라지해 주는 빌립보 교회에 보낸 편지입니다. 그래서 옥중 서신이라고 합니다. 감옥에 있으면서 감옥 밖에 있는 성도들을 위해 "주 안에서 항상 기뻐하라. 내가 옥중에서 기뻐하는 것처럼 너희도 세상에서 기뻐하라"고 편지를 합니다.

바울은 사형수로 있었습니다. 언제 사형당할지 모르는 상황에서

빌립보 교인들에게 기뻐하라고 했습니다. 바울이 기쁨을 누리고 있지 않으면 할 수 없는 말입니다. 다시 말합니다. 기쁨을 누리는 신앙생활이 되기 바랍니다. 신앙생활은 늘 기쁨이 넘쳐야 해요. 마음에 평화가 있어야 합니다. 짜증 내고 막 신경질 내고 핏대 올리고 그렇게 하지 맙시다. 편안하게 삽시다. 그래서 5절을 말씀합니다.

너희 관용을 모든 사람에게 알게 하라 주께서 가까우시니라
(빌립보서 4장 5절)

'관용'이란 말에도 줄을 칩시다. 관용은 쉽게 말하면 너그러운 것인데, 너그러운 마음, 여유 있는 마음을 가지라는 말씀입니다. 세상 사람들처럼 신경질 내고 너무 빡빡하게 굴지 말고 너그럽게 품어주고 관용을 베풀라는 것입니다.

내가 판자촌에서 목회하는데, 판자집은 둑에다가 집을 지었기 때문에 길에서 지나가면 밑에 집 지붕이 바로 닿지요. 우리 교회 교인들이 예배드리고 나서 밖에 나와서, 그때는 뭐 초신자들이 많으니까 그 집 지붕에 발을 얹고서는 담배 피우곤 합니다. 그런데 그 집 지붕이 루핑인데 그 루핑이 불이 잘 붙습니다.

그래서 내가 뭐라 합니다. 담배를 끊으면 좋지만, 잘 안되면 피우더라도 저 둑 밑에 가서 피우라고, 루핑 지붕에 불 나면 큰일 난다고 해도 말을 잘 안 듣습니다. 그런데 그 집 아줌마가 날 찾아 와서 예수를 믿지 말고 나를 믿으라 하고, 지붕 망가뜨린 것을 보상하라고 소

리를 질러요.

그래서 내가 "보상해야지요. 피해가 많겠습니다. 보상을 얼마나 하면 좋을까요"라고 하니까 10만 원은 되어야 한다고 하는데 보통 루핑 값보다 두 세배는 더 붙여 부르더라구요. 내가 "이왕지사 그러면 15만 원을 드리지요. 앞으로도 또 그럴지 모르니까 넉넉하게 15만 원 드릴게요"라고 했습니다.

"아이고 그래 주면 고맙지요"라고 하더라구요. 그런데 나중에 그 아줌마가 우리 교인이 됐어요. 교인이 되고 집사가 되니까 매주 헌금을 해요. 여러분 루핑 값 다 나왔잖아요. 너그러워야 합니다. 상대방이 생각하는 것 보다 더 좋게 해주면 좋아합니다. 나는 그런 식으로 합니다. 거래할 때 상대방이 100만 원 기대할 것 같으면 120만 원으로 조금 더 얹어 줍니다.

내가 동두천 두레 마을을 만들 때 거기에 우리가 가기 전에 먼저 있었던 절이 있었어요. 그 절 스님이 성질이 좀 고약하더라고요. 그래서 예배 시간에 염불을 녹음기로 틀어놓아 방해해요. 그리고 건축자재가 들어가는데 그 앞에 드러누워서 참 방해를 많이 했습니다.

그래서 내가 그 사람이 없을 때 마당을 밟으면서 기도했지요. 있을 때 밟으면 분쟁이 생기니까 없을 때 마당 밟으면서 "하나님 영광이 안 됩니다. 이 사찰을 우리 교회에 주십시오" 하고 기도를 7년을 했는데, 이 사람이 뇌종양에 걸렸어요. 내가 뇌종양 걸리게 해 달라고 기도한 건 절대 아닙니다. 나는 하나님께 우리 교회가 되게 해 달라 기도한 것뿐입니다.

이 스님이 수술 하고 나니까 멍하잖아요. 우리에게 와서 교회에서 절을 다 사라고 했습니다. 그 절이 땅하고 다 합쳐 한 2천 평 됩니다. 그래서 "얼마면 될까요" 하고 물었더니 23억 원 달라고 합니다. 그래서 "그건 너무 심해요" 하고 안 들어주니까 자꾸자꾸 내려가서 6억 원까지 내려왔습니다. 6억 원으로 하려는데 6억 원이 너무 적다고 툴툴거려서 내가 1억 원을 더 얹어 주었습니다.

우리 교인들이 조금만 더 버티면 더 내려갈 텐데 목사님은 마음이 약해서 그런 흥정은 못 한다고 해서 내가 "이 사람들아 병으로 뇌 수술까지 했는데 좀 얹어 주는 게 좋지 않냐. 구제라고 생각하고 주자" 하고 7억 원을 주었습니다.

그러니까 그 스님이 나가서 "김진홍 그 사람 목사 되기 아까워"라고 하고 다녀요. 많이 주었다고요. 가는데 마다 교회 칭찬합니다. 관용이 참 인간관계에 중요합니다. 한국 사람들이 너무 각박하게 살아와서 싸움을 많이 합니다. 너무 아둥바둥 악착같이 살아오느라고 마음에 무리가 쌓이고 악에 받쳐있습니다.

그래서 한국말 중에 영어로나 일본어로 도저히 해석이 안 되는 단어가 있습니다. 바로 '한' 입니다. 한 많은 내 인생, 한 맺힌 인생 그러지요. 미국 선교사들이 성경을 번역하는데 한이라는 말을 영어에서 찾아낼 수가 없어요. 일본어로도 독일로도 그래서 할 수 없이 그냥 한Han 이라고 씁니다. 한국 사람의 한 맺힌 인생을 서양 사람들은 이해를 못 합니다.

빈민촌에는 무당이 많아요. 무당이 굿풀이를 하는데 굿풀이 중에 한풀이 굿이 제일 큽니다. 닷새 동안 하는데 밤낮으로 방울 흔들고, 북치고 무당이 칼을 탁 던지며 "산촌 귀신 물러가라. 동서남북 귀신 다 물러가라"하면서 아주 요란합니다.

밤 11시가 넘었는데 밖에서 요란을 떨어 잠을 잘 수가 없어 옷을 주워 입고 밖으로 나가서 봤습니다. 무당이 손에 든 대나무를 흔들며 날이 시퍼렇게 선 작두 위에 맨발로 올라갔다가 내려갔다가 하는데, 우리는 금방 뭐 피가 날 것 같은데 아무렇지 않게 왔다갔다 하며 대나무를 흔들다가 가만히 서 있어요.

구경하던 동네 사람들이 말했습니다.

"신이 안 내리네. 복채 더 내놔라."

"좀 전에 놓았는데 또 내놓으라 카나."

굿풀이 하는 아줌마가 한마디 하면서 복채를 내놓아도 무당이 뭐가 제대로 안 되는지 그래도 신이 안 내리는 거예요. 그래서 내가 "귀신도 돈 밝히네"라고 한마디 했습니다.

그런데 무당이 손에 들었던 대나무를 내리고 한숨을 푹 쉬더니 혹시 이 중에 예수 믿는 사람이 있냐고 물었습니다. 동네 사람들이 날 보면서 "예배당 선생님이 여기 계시네요" 하니까 저에게 공손하게 부탁했습니다.

"선생님 좀 비켜 주시겠습니까? 선생님이 여기 계시니까 신이 안 내립니다."

우리가 서 있으면 귀신이 맥을 못 춥니다. 내가 기분이 좋아서 자리를 비켜 주었습니다. 그럴 때 비켜 주는 게 동네 인심에 좋잖아요.

그런 자리에서 "사탄아 물러가라"라고 하면 인심이 나빠집니다.

내가 웃으면서 비켜 주었는데 그 사람이 그걸 고맙게 생각했는가 봐요. 어느 주일 예배에 전도도 안 했는데 한 가족이 모두 나왔습니다. 그래서 내가 광고 시간에 물었습니다.

"어쩐 일로 우리가 전도도 안 했는데 이렇게 한 가족이 모두 교회에 나오시게 되었나요?"

호주 되는 분이 무당 얘기를 해주었습니다. 집안에 하도 우환이 심하고 재물에 손해되는 손재수가 많아서 굿을 했는데 그 무당이 굿하는 마지막 시간에 이 집에 그저 악귀가 물러가고 잘되려면 저기 보이는 저 교회에 있는 예수신 찾아가라고 일러주었다는 것입니다.

그래서 그 말을 듣고 온 집안 식구가 토요일 날 다 목욕하고 주일에 교회 나왔습니다. 나는 신기한 느낌이 들었어요. 무당 전도사 둔 거잖아요. 한 번 찾아가서 고맙다는 인사나 하려고 했는데 마침 골목에서 무당을 만나 인사를 했습니다.

"아이고 아주머니 감사합니다. 지난번에 교인 한 가정을 보내 주셔서 감사합니다."

"원 별말씀을요. 다 같은 업에 종사하는데 서로 도와야지요."

같은 업종이라는 거예요. 나는 예수 신 섬기고, 자기는 뭐 서산대사 신 섬기니 다 업종이 같으니까 협력해야 한다고 해서 내가 얼마나 웃었는지 모릅니다. 그런데 그 무당이 헤어지면서 한 말이 내가 평생 기억납니다.

"저도 지금은 이러고 있습니다만 언젠가는 예수 신에게로 가야지요. 우리 세계에서는 알고 있습니다. 예수 신이 참 신이지요."

무당의 이야기입니다. 이 영적 세계를 우리가 알아야 합니다. 예수 믿는 것이 그런 영적 세계에 가까이 가야 하는데 맨날 뭐 다람쥐 쳇바퀴 돌듯이 신앙이 제자리에 머물러 있으니까 그런 영적인 눈이 열리지 않습니다.

우리가 성령을 내 안에 모시면 관용을 가지고 세상을 너그럽게 보고 품어줄 수가 있습니다. 믿는 사람이 손해 봐야 하는데 그게 잘 안 되잖아요. 보통 사람이 이것이 잘 됩니까? 잘 안되는데, 되게 해 주는 말씀이 있습니다. 빌립보서 4장 13절 말씀입니다.

> 내게 능력 주시는 자 안에서 내가 모든 것을 할 수 있느니라

나는 못 하는데 능력 주시는 예수님 안에서 할 수 있습니다. 이 신앙 딱 붙들고 열심히 살아갈 수 있게 되기 바랍니다.

18
신약성경개요 • 3

<u>골로새서</u> 3장 9절과 10절이 골로서의 주제입니다.

> 너희가 서로 거짓말을 하지 말라 옛 사람과 그 행위를 벗어 버리고 새 사람을 입었으니 이는 자기를 창조하신 이의 형상을 따라 지식에까지 새롭게 하심을 입은 자니라
> (골로새서 3장 9~10절)

"옛 사람과 새 사람"

성령을 받기 전에는 옛 사람, 성령을 받은 후에는 새 사람입니다. 예수님 밖에 있을 때는 옛 사람, 예수님 안에 있을 때는 새 사람입니다. 그리스도 안에서 새 사람은 하나님의 형상대로 살아갑니다.

> 하나님이 이르시되 우리의 형상을 따라 우리의 모양대로 우리가 사람을 만들고 그들로 바다의 물고기와 하늘의 새와 가축과 온 땅과 땅에 기는 모든 것을 다스리게 하자 하시고 하나님이 자기 형상 곧 하나님의 형상대로 사람을 창조하시되 남자와 여자를 창조하시고(창세기 1장 26~27절)

하나님이 천지를 창조하실 때, 개는 개 처럼 지으시고 소는 소 처럼 지으셨는데 사람을 지으실 때는 사람 처럼 지으시지 않고 하나님의 형상대로 지으셨습니다.

사람과 짐승의 차이는 '하나님의 형상'이 있는 것과 없는 것의 차이라고 신앙적으로 받아들여야 합니다.

라틴어로 이마고데이 Imago Dei 라고 하는 하나님의 형상은 다섯 가지를 갖추어서 하나님의 형상입니다.

첫째는 영이신 하나님
둘째는 사랑이신 하나님
셋째는 창조하시는 하나님
넷째는 공동체로 계시는 하나님
다섯째는 자유하시는 하나님

첫째로 영이신 하나님이기에 예수님께서 불행한 과거를 가진 수가성 우물가의 여인과 대화 하시면서 거룩한 예배를 강조하셨습니다.

하나님은 영이시니 예배하는 자가 영과 진리로 예배할지니라
(요한복음 4장 24절)

나는 설교할 때 원고 없이 그냥 하기 때문에 늘 교인들의 모습을 살핍니다. 예배하는 자세가 집중되지 못하고 흐트러지는 사람들이 있습니다. 신령과 진정으로 드리는 예배 참 중요하지요. 시편에 이르기를 하나님은 예배하는 자를 찾으신다고 하셨는데 예배에 집중하지 못하고 예배 시간에 멍하게 창밖을 내다보고 있다든지 하는 사람을 보면 마음에 안타까워요.

예배의 기능 중에 중요한 기능이 치유하는 기능입니다. 예배 속에 힐링이 일어나요. 산만하던 마음이 모아지고 울적하던 마음이 예배를 통해서 하나님의 임재하심을 느끼면 치유가 됩니다. 예배가 굉장히 소중합니다

둘째로 하나님은 사랑이십니다 God is Love. 사람과의 관계에 있어서 하나님의 형상을 실천하는 것은 사랑으로 상대를 이해해 주고 참아 주고 격려해 주고 위로해 주는 것이지요. 좋은 점은 북돋아 주고 상대방의 아픈 것을 보듬어주는 것이 사랑의 마음입니다.

> 사랑하는 자들아 우리가 서로 사랑하자 사랑은 하나님께 속한 것이니 사랑하는 자마다 하나님으로부터 나서 하나님을 알고 사랑하지 아니하는 자는 하나님을 알지 못하나니 이는 하나님은 사랑이심이라(요한 1서 4장 7~8절)

하나님이 천지를 왜 지으셨나? 사람을 왜 지으셨나? 영적으로 깊

어지려면 질문이 많아야 합니다. 교회에서 제일 어리석은 소리가 "무조건 믿어라. 무조건 아멘 하시오"라고 생각합니다. 어떻게 무조건 믿습니까? 우리 영혼이 스페어spare가 있는 게 아니고, 영혼은 한 영혼밖에 없는데 어떻게 무조건 믿습니까? 무조건 믿다가 박대선 전도관 따라가고 신천지 따라갑니다.

그러면 하나님이 왜 천지를 창조하시고 사람을 지으셨나에 대한 답이 나왔지요? 하나님은 사랑이신데 사랑은 혼자 하는 게 아닙니다. 하나님은 사랑을 나눌 대상, 파트너로서 사람을 지으셨습니다.

셋째로 하나님은 창조하시는 하나님이시라. 창조의 얘기는 창세기 1장과 2장에 나오는데 성도들이 오해하는 것이 있습니다. 창조 스토리가 창세기 1장과 2장에서 끝난 것으로 생각합니다. 아닙니다. 하나님의 창조 역사는 계속됩니다.

성령 받은 사람에게는 창조하신 하나님의 영이 역사합니다. 창조하시는 하나님의 영을 우리가 받았으니 교인 한 사람 한 사람이 하나님이 주시는 재능으로 세상을 변화시킬 수 있는데 신앙이 너무 보수적이고 좁아지면 창의력이 없어지고 맙니다.

넷째로 한 분 하나님이신데 성부 하나님, 성자 하나님, 성령 하나님으로 계시는 공동체 하나님입니다. 그래서 신앙생활에도 공동체 신앙이 중요합니다. 교회가 마음에 안 든다고 집에서 혼자 예배드리는 사람들이 간혹 있지요. 그러면 공동체적 신앙이 없습니다.

하나님 자신이 성부 성자 성령 공동체로 계시기 때문에, 그걸 하나님의 공동체적 존재 방식이라고 합니다. 우리 신앙생활도 교회라는 공동체에 속해서 가끔은 부딪히고 싸우고 그러더라도 공동체 안에서 신앙 생활하는 겁니다.

'혼자 깨끗하게 살고 깨끗하게 믿다가 천국에 간다.'

이것은 성경적이 아닙니다. 때로는 기분이 나빠 다투기도 하면서 살지만 더불어 공동체로서 살아갈 수 있는 훈련이 돼야 합니다. 그걸 극복하는 것이 하나님의 형상을 이루어 가는 겁니다.

다섯 번째는 자유하시는 하나님입니다. 하나님이 자유하시니까 우리도 자유함을 누려야 됩니다. 부부가 서로 달라도 둘이 한 몸이 되어 각자 존중해 주고 자유를 주어야 합니다. 상대방의 자유를 존중해 주면서 둘이 하나로 행복한 가정을 이루는 거지요. 그래서 골로새서 3장 9절 10절이 참 의미가 깊습니다.

> 너희가 서로 거짓말을 하지 말라 옛 사람과 그 행위를 벗어 버리고 새 사람을 입었으니 이는 자기를 창조하신 이의 형상을 따라 지식에까지 새롭게 하심을 입은 자니라
> (골로새서 3장 9~10절)

하나님을 아는 지식에 날마다 새로워집시다. 하나님의 형상 5가지를 알았으니, 배웠으니 새롭게 삽시다.

데살로니가전서 1장 5절이 데살로니가서의 주제가 됩니다.

> 이는 우리 복음이 너희에게 말로만 이른 것이 아니라 또한 능력과 성령과 큰 확신으로 된 것임이라 우리가 너희 가운데서 너희를 위하여 어떤 사람이 된 것은 너희가 아는 바와 같으니라(데살로니가전서 1장 5절)

복음이 말로, 형식으로만 온 것이 아니라 능력과 성령과 큰 확신으로 왔다고 했습니다. 신앙인은 다섯 가지 복음의 확신에 대해 깊은 지식이 있어야 합니다.

첫째는 구원의 확신입니다.
둘째는 임마누엘의 확신입니다.
셋째는 속죄의 확신입니다.
넷째는 기도 응답의 확신입니다.
다섯째는 천국 소망의 확신입니다.

나는 내가 지금 죽어도 천국에 간다는 확신이 있습니다. 그래서 참 좋아요. 그러니까 세상에 미련 둘 것도 없고 부러운 것도 없습니다. 천국에 내 호적이 올라 있습니다. 천국의 책이 생명책입니다. 구원받은 사람의 이름을 적어 놓은 생명책의 주인이 어린양 예수님입니다. 어린양 예수님이 자기를 믿어 구원받은 사람들의 이름을 쭉 적어

놓았는데 그 생명책에 내 이름 석자, 김진홍이 있다는 확신이 있으니 기분이 좋습니다.

데살로니가전서를 재림의 책이라고 합니다. 성경 전체 중에서 재림하실 예수님에 대해서 가장 깊게 써놓은 책이 데살로니가전후서입니다. 데살로니가전후서에 왜 재림을 강조했느냐 하면 그때는 핍박의 먹구름이 밀려올 때입니다.

폭군 네로 황제에 이어 도미티안 황제가 교회를 핍박하는 암흑시대에 그 핍박을 어떻게 이기느냐?

"재림의 확신을 가지고 우리 주님이 오실 때까지 참고 견디자. 내가 지금 사자 골에서 죽어도, 화형 당해도 천국에서 깬다."

데살로니가전서에서 확신을 줍니다.

> 또 죽은 자들 가운데서 다시 살리신 그의 아들이 하늘로부터 강림하실 것을 너희가 어떻게 기다리는지를 말하니 이는 장래의 노하심에서 우리를 건지시는 예수시니라(데살로니가전서 1장 10절)

하늘로부터 재림하실 주님이 앞으로 우리를 심판에서 건지셔서 구원의 반열에 서게 하신다는 말씀에 '아멘!'하십니까? 이것이 중요한 겁니다.

우리의 소망이나 기쁨이나 자랑의 면류관이 무엇이냐 그가 강림하실 때 우리 주 예수 앞에 너희가 아니냐 너희는 우리의 영광이요 기쁨이니라(데살로니가전서 2장 19~20절)

우리가 예수님 앞으로 전도한 사람들이 우리의 면류관입니다. 우리의 기쁨입니다. 내가 다니면서 "목사님 테이프 듣고 내가 예수님을 영접했습니다"라는 말을 들으면 제일 행복합니다.
'아 내 말을 듣고 신앙을 가지게 됐구나.'
굉장한 기쁨이요 면류관입니다.

형제들아 자는 자들에 관하여는 너희가 알지 못함을 우리가 원하지 아니하노니 이는 소망 없는 다른 이와 같이 슬퍼하지 않게 하려 함이라(데살로니가전서 4장 13절)

구약에서는 '모세가 120세 죽고, 요셉이 110세에 죽고, 여호수아가 110세에 죽고'라고 했는데 신약에서는 '잔다'라고 했습니다. 구약과 신약의 차이점이에요. 마태복음 1장에 처음 나오는 말씀이 "아브라함이 이삭을 낳고 이삭은 야곱을 낳고 …" 인데 깊은 의미가 있습니다. 계속 낳고 낳는 생명 이야기입니다.
복음서를 그렇게 받아들이면 낳고 낳고가 지루하지 않은 거예요. 그 낳고 낳는 사연을 다 생각하면 은혜가 되는 거지요. 자는 자들이라고 하셨으니 우리가 언젠가 잠들어서 천국에서 깰 줄 믿습니다.

우리가 예수께서 죽으셨다가 다시 살아나심을 믿을진대 이와 같이 예수 안에서 자는 자들도 하나님이 그와 함께 데리고 오시리라(데살로니가전서 4장 14절)

어머니가 90에 잠드셨는데 천국 가셨는데 평생 고생만 하신 어머니가 마지막 남긴 말이 있습니다.

"모든 것이 감사하다"

내가 여섯 살 때 아버지가 돌아가셨기 때문에 우리 네남매 키우면서 아버지가 유산으로 남긴 일제 미싱으로 삯바느질해서 우리를 다 대학까지 다 보냈는데 얼마나 고생하셨겠어요.

구정이나 추석 같은 명절에는 바느질감이 밀려 한 일주일 동안 어머니가 밤새워 일하세요. 그러면 미싱 돌이기는 달기닥달기닥 소리 들으면서 자다가 깰 때도 그 소리 들으면서 깨곤 했습니다. 밤새워 재봉틀을 밟던 어머니는 가끔 한밤중에 나를 깨웠습니다.

"홍아, 어미 잠 온다. 니 찬송 한 곡 불러주려무나."

"어머니는 왜 맨날 나만 깨워요? 누나나 동생도 골고루 깨우시지요."

"그렇잖다. 니 목소리가 젤 은혜가 된다. 그라고 넌 앞으로 목사 될 사람 아이가. 목사 될 사람이 찬송을 불러야제. 목사가 얼마나 영광스러운 자리인지 아느냐?"

"아뇨. 그렇게 영광스러우면 형이나 동생한테 목사 되라고 하세요. 나는 목사 안 할랍니다."

"나는 니가 목사 될 자질이 있다고 본다. 에미는 니가 목사 되는 걸 보는 것이 소원이다. 니가 젤로 똑똑하니까, 똑똑한 사람이 목사되어야 교인들이 힘이 안 든다."

우리 어머니 이야기인데, 참 좋은 생각이지요.

> 주께서 호령과 천사장의 소리와 하나님의 나팔 소리로 친히 하늘로부터 강림하시리니 그리스도 안에서 죽은 자들이 먼저 일어나고(데살로니가전서 4장 16절)

한국의 교도소가 한 50군데쯤 있습니다. 내가 교도소에 있을 때 모든 교도소가 밤에 죄수들 취침나팔을 부르는데 찬송가를 불러줍니다. 깜깜한 하늘에 "전능 왕 오셔서…" 나팔소리 울려 퍼지면 굉장히 신령합니다. 그러면 꼭 사형수들이 창가에 서서 엄마를 부릅니다. 왜냐하면 취침나팔이 울려 퍼지면 그날 사형은 지나간 거예요. 또 하루 살았다고 생각하나 봅니다. 아버지 부르는 사람은 하나도 없고 전부 어머니만 부릅니다.

하나님의 나팔 소리로 친히 강림하시는 예수님을 생각만 해도 멋있잖아요. 하나님의 나팔로 임할 예수님을 기다리는 성도의 삶이 되기 바랍니다.

평강의 하나님이 친히 너희를 온전히 거룩하게 하시고 또 너희의 온 영과 혼과 몸이 우리 주 예수 그리스도께서 강림하실 때에 흠 없게 보전되기를 원하노라(데살로니가전서 5장 23절)

재림의 책인 데살로니가전후서는 특이하게 장마다 재림의 기사가 나옵니다. 평강의 하나님에 줄칩시다. 평강은 평화와 다릅니다. 마음의 평화와 육신의 건강을 합친 것이 평강입니다. 우리 평강의 하나님이 오실 때까지 영과 혼과 몸이 거룩하게 지켜지기를 바랍니다.

데살로니가후서에서 특별히 강조한 것이 세 가지입니다.

첫째는 인내해야 한다.
둘째는 부지런하여 게으르지 말라.
셋째는 각자 자기 맡은 일에 최선을 다하라.

주님의 재림에 대해 확신을 가진 성도들이 지금 현세에서 어떻게 살아야 하는지가 데살로니가 후서의 결론입니다.

형제들아 우리 주 예수 그리스도의 이름으로 너희를 명하노니 게으르게 행하고 우리에게서 받은 전통대로 행하지 아니하는 모든 형제에게서 떠나라(데살로니가후서 3장 6절)

하나님이 제일 싫어하는 성품이 게으른 사람, 거짓말하는 사람입니다. 3장 10절에도 "누구든지 일하기 싫어하거든 먹지도 말게 하라"고 하고 3장 12절에서 확실하게 권고합니다.

> 이런 자들에게 우리가 명하고 주 예수 그리스도 안에서 권하기를 조용히 일하여 자기 양식을 먹으라 하노라
> (데살로니가후서 3장 12절)

성경에 많은 인물이 나오는데 게으른 사람을 쓴 일이 하나도 없습니다. 다 부지런히 자기 일하는 사람을 쓰셨습니다. 나는 지금 나이가 84살인데도 밭에서 일합니다.
 "부지런히 일하고 확신을 가지고 천국 가기를 기다리면서 조용히 일해서 자기 양식을 먹으라"
 참으로 귀한 말씀입니다.

디모데전후서는 영적 스승 바울이 영적 제자 디모데에게 목회는 이렇게 하는 것이라고 쓴 편지입니다. 그래서 목회 서신입니다.
 <u>디모데전서</u> 1장 5절에 바울이 디모데에게 편지를 하는 목적을 분명하게 썼습니다.

> 이 교훈의 목적은 청결한 마음과 선한 양심과 거짓이 없는 믿음에서 나오는 사랑이거늘(디모데전서 1장 5절)

다시 보겠습니다.

"이 교훈의 목적은 첫째 청결한 마음, 둘째 선한 양심, 셋째 거짓이 없는 믿음, 넷째 거짓이 없는 믿음에서 나오는 참사랑이다."

이걸 일러 주려고 쓰는 것이다. 그리고 이제 특별히 그 시대 교회에서 절대 금해야 할 것을 10절에서 하나하나 짚어줍니다. 그때 교회나 지금 교회나 마찬가지지요. 디모데전서 1장 10절에 나오는 것들은 지금도 철저하게 배격해야 합니다.

> 음행하는 자와 남색하는 자와 인신 매매를 하는 자와 거짓말 하는 자와 거짓맹세하는 자와 기타 바른 교훈을 거스르는 자를 위함이니(디모데전서 1장 10절)

남색이 요즘 말로 동성애라 하지요. 남자가 남자와 더불어, 여자가 어지와 더불어 성 생활하는 것을 말하는데, 성경은 철저하게 동성애를 반대합니다. 성경 전체에서 동성애에 대한 반대 구절이 나옵니다. 소돔 고모라 성이 멸망했는데, 멸망한 원인을 창세기에 쓰기를 남색하는 자가 차고 넘친다고 했습니다.

> 하나님의 말씀과 기도로 거룩하여짐이라(디모데전서 4장 5절)

말씀과 기도를 통해서 선한 모든 것을 우리가 긍정적으로 받아들이는 것이 영적 바른 태도입니다. 거룩함을 이루어 나가는 삶을 성화라고 하는데 성화에는 훈련이 필요합니다. 오늘부터 거룩해져야지 한다고 거룩해지는 것이 아니고 훈련이 필요합니다. 그것을 경건의 훈련, 성화의 훈련이라고 말하고 디모데전서 4장에서 그걸 잘 일러 줍니다.

구원은 한 구원인데 세 단계가 합쳐져서 구원입니다.

예수를 믿을 때 의롭게 됩니다. 칭의라고 합니다. 의롭게 되었다고 끝나는 게 아니라 생활 속에서 말씀과 기도로 거룩함을 이루어 가는 겁니다. 성화라 하지요. 성화를 이루어 가다가 천국 문이 확 열려서 천국 들어가는 걸 영광스럽게 된다고 영화라고 합니다. 이렇게 합쳐서 구원입니다. 그 구원에 튼튼하게 서기를 바랍니다.

> 네가 이것으로 형제를 깨우치면 그리스도 예수의 좋은 일꾼이 되어 믿음의 말씀과 네가 따르는 좋은 교훈으로 양육을 받으리라 망령되고 허탄한 신화를 버리고 경건에 이르도록 네 자신을 연단하라 육체의 연단은 약간의 유익이 있으나 경건은 범사에 유익하니 금생과 내생에 약속이 있느니라
> (디모데전서 4장 6~8절)

세상 일꾼이 아니고 '그리스도의 좋은 일꾼'입니다. 청년 시절에 친구들이나 가족들이 내가 정치에 소질이 있다고 나에게 정치하라고

했습니다. 내 동생은 형은 정치했으면 야당 당수라도 할 건데 뭐 농사나 짓고 사느냐고 지금도 불만입니다. 그런데 나는 목회가 좋아요. 하늘의 일 아닙니까? 나라의 일꾼도 중요하고, 기업의 일꾼도 중요하지만, 우리는 그리스도 예수의 좋은 일꾼으로 살아갑시다.

우리가 날마다의 삶 속에서 거룩함을 이루어 나가면서 그리스도 예수의 일꾼이 되는데는 세 가지 훈련이 있습니다.

첫째가 경건의 훈련입니다. 경건은 예수님을 닮아가는 것입니다. 그냥 되는 게 아니고 훈련을 받아서 예수님을 닮는 겁니다.

둘째는 육체 훈련인데 몸 관리, 몸 성전 관리를 하는 것입니다. 우리 두레 마을 뒷산에 둘레길이 있습니다. 둘레길이 7km인데 나는 시간만 나면 7km를 걷습니다. 걸으면서 설교 준비하고 생각합니다. 그러니까 나이에 비해서 건강한 편이지요.

세 번째는 生活 훈련입니다. 아침에 일어나는 시간과 자는 시간, 먹는 시간을 잘 지켜야 합니다. 그걸 생체시계生體時計, biological clock 라고 합니다.

> 그러나 너는 배우고 확신한 일에 거하라 너는 네가 누구에게서 배운 것을 알며 또 어려서부터 성경을 알았나니 성경은 능히 너로 하여금 그리스도 예수 안에 있는 믿음으로 말미암아 구원에 이르는 지혜가 있게 하느니라 (디모데후서 3장 14~15절)

약 3장 14절 말씀은 영적 스승 바울이 제자 디모데에게 하는 말입니다. 디모데 신앙은 경건한 외조모 할머니로부터 시작이 되어 어머니를 거쳐서 디모데까지 내려온 삼대째 신앙입니다.

성경은 무슨 책이냐? 세상 다른 것으로는 어디에서도 얻을 수 없는 예수님 안에서 구원에 이르는 지혜의 책입니다. 디모데가 어려서부터 배워서 확신에 거하는 성경의 진리는 네 가지 능력을 가집니다. 첫째 예수 안에 있는 믿음으로 말미암아 구원에 이르는 지혜, 구원에 이르는 능력입니다. 둘째 병든 자, 연약한 자를 치료하는 능력입니다. 치유의 능력, 신유의 능력이라 합니다. 셋째 낙심한 자, 절망한 자에게 용기를 주고 희망을 주는 지혜와 능력입니다. 넷째 역사를 변화시키는 능력, 역사를 바로잡는 능력, 역사를 개조하고 역사를 바로 세우는 능력입니다.

> 모든 성경은 하나님의 감동으로 된 것으로 교훈과 책망과 바르게 함과 의로 교육하기에 유익하니 이는 하나님의 사람으로 온전하게 하며 모든 선한 일을 행할 능력을 갖추게 하려 함이라(디모데후서 3장 16~17절)

성경이 국민 교과서가 되어 국민들을 성경으로 가르쳐서 건강한 사회, 정의로운 국가를 이루어야 합니다. 그래서 디모데후서 4장 16절이 참 중요합니다.

우리 한국 교회가 반성할 것은 너무 성경을 교회 안에만 가두어 놓고 있습니다. 온 국민이 같이 배우고 따라가야 할 바르게 살고, 삐뚤어진 걸 고치고, 교훈하고, 의로 교육하는 교과서가 성경인데, 성경을 외면하고 성경은 교회 안에서만 통하고 우리 사회, 국가 경영에 성경이 쓰임 받지를 못합니다. 정말로 안타까운 일입니다.

성경은 하나님의 사람으로 온전하게 합니다. **온전하게 하며**에 줄을 칩시다. 완전한 사람, 사람다운 사람, 성숙한 사람을 말합니다.

성경 말씀이 하나님의 사람으로 하여금 성숙한 사람, 사람다운 사람이 되게 하며 모든 선한 일을 감당할 있는 능력을 주십니다.

한국 교회에게, 우리에게 주시는 살아 있는 말씀으로 받을 수 있게 되기 바랍니다.

19
신약성경개요 • 4

디도서의 주제는 "바른 교회, 바른 교리, 바른 삶"으로 요약할 수 있습니다. 그리스도인이 교회와 세상 속에서 어떻게 선한 영향력을 끼쳐야 하는지에 대한 권면이 중심입니다.

> 내가 너를 그레데에 남겨 둔 이유는 남은 일을 정리하고 내가 명한 대로 각 성에 장로들을 세우게 하려 함이니 책망할 것이 없고 한 아내의 남편이며 방탕하다는 비난을 받거나 불순종하는 일이 없는 믿는 자녀를 둔 자라야 할지라 감독은 하나님의 청지기로서 책망할 것이 없고 제 고집대로 하지 아니하며 급히 분내지 아니하며 술을 즐기지 아니하며 구타하지 아니하며 더러운 이득을 탐하지 아니하며 오직 나그네를 대접하며 선행을 좋아하며 신중하며 의로우며 거룩하며 절제하며 미쁜 말씀의 가르침을 그대로 지켜야 하리니 이는 능히 바른 교훈으로 권면하고 거슬러 말하는 자들을 책망하게 하려 함이라(디도서 1장 5~9절)

사도 바울이 영적 제자인 디도를 자기가 개척한 크레타섬의 교회에 파송합니다. 바울은 디도에게 교회의 기초를 바로 세우고, 바른 교훈을 지키는 지도자를 세울 것을 당부합니다. 영적 지도자들은 항상 예수님의 뜻을 분별해서 그걸 실천해야지 자기 고집에 빠지면 하나님의 일을 그르칩니다.

갈라디아서 5장 22절~23절에 성령의 열매 9가지가 나오는데 사랑에서 시작해서 절제로 끝납니다. 마치 9층 건물과 같아요. 기초는 예수님의 성품입니다. 성령의 열매가 예수님의 성품을 닮는 것인데 마지막 9층이 절제라는 것이 영적인 의미가 있습니다. 그 사람이 얼마나 영적이냐? 얼마나 훈련된 하나님의 사람이냐는 얼마나 그 사람이 절제하느냐가 그 사람의 영적 수준입니다.

특히 자녀를 기를 때나, 목회하면서 성도를 대할 때 두 가지를 겸해야 합니다. 잘하는 것은 용기를 북돋아 주고 나쁜 길로 나갈 때는 책망을 하여서 바로 잡아주는 것이 목회자의 도리라 하겠습니다.

> 그기 우리를 대신하여 자신을 주심은 모든 불법에서 우리를 속량하시고 우리를 깨끗하게 하사 선한 일을 열심히 하는 자기 백성이 되게 하려 하심이라 (디도서 2장 14절)

'**속량**'에 줄을 칩시다. 우리 죗값을 대신 갚아주시는 것을 속량이라 합니다. 우리가 빚을 졌는데 대신 갚아주는 것이 속량입니다. 구약에서는 급한 돈 때문에 땅의 소유권이 다른 사람이 넘어갔는데 친척이 대신 돈을 지불하고 다시 찾아주는 것이 속량입니다. 그것을 토지 무르기라고 합니다.

그런데 신약에 와서 죄 아래 있는 우리를 죗값을 치루고 구원하신 거예요. 죗값을 무엇으로 치렀느냐? 구약에서는 돈으로 치렀는데 예수님은 십자가의 피로 죗값을 치렀습니다. 피 공로, 피의 복음이라고 말합니다.

"예수님이 나 대신 피를 흘리셨어요. 값을 치러 주셨군요.
아멘! 감사합니다."

이걸 믿고 고백하면 구원받은 것입니다.

빌레몬서는 1장의 짧은 편지인데 성경 66권에 당당하게 들어갔습니다. 바울이 빌레몬에게 안부를 묻는 편지인데 14절 때문에 성경에 들어있으리라 생각합니다. 요점입니다.

사도 바울이 감옥에서 오네시모라는 사람을 만났는데, 종이 신분을 속이고 도망하여 잡혀 온 사람입니다. 그 사람을 전도했습니다. 전도해서 영적으로 낳은 아들 오네시모가 복음을 위해 신실한 자가 되어 바울이 데리고 쓰고 싶어 빌레몬에게 허락을 구하고 있습니다.

다만 네 승낙이 없이는 내가 아무 것도 하기를 원하지 아니하노니 이는 너의 선한 일이 억지 같이 되지 아니하고 자의로 되게 하려 함이라(빌레몬서 1장 14절)

좋은 일도 상대방의 동의를 받아야 합니다.

"무조건 하시오."

이것은 성경적이 아닙니다.

"당신이 오네시모의 본래 주인이니까 당신이 동의하지 않으면 나는 그를 쓰지 않겠다. 당신이 기쁨으로 동의해 주면 내가 그를 쓰겠다."는 말은 영적 질서를 말해 줍니다.

"하나님의 일이니 무조건 하시오."

부부도, 자식도, 회사 사원도, 교인도 상대방을 존중해서 "당신이 기꺼이 동의하면 내가 하겠고 당신이 동의 없으면 난 하지 않겠습니다."라는 태도는 아주 중요합니다. 이것이 성숙한 크리스쳔의 태도입니다.

히브리서를 신약의 구약이라 합니다. 더 좁게는 히브리서를 신약의 레위기서리고도 합니다. 그리고 신구약 성경의 축소판이라 부릅니다. 신구약 성경 전체를 요약하면 히브리서의 내용이 될 것이란 뜻입니다.

> 옛적에 선지자들을 통하여 여러 부분과 여러 모양으로 우리 조상들에게 말씀하신 하나님이(히브리서 1장 1절)

지난날 구약 시대에 숱한 선지자들을 통하여 여러 경우와 여러 방법으로 하나님께서 말씀하셨습니다. 하나님께서 선지자들을 통하여 말씀하셨던 것은 선지자들의 역할이 하나님의 대변인 역할이었기 때문입니다.

> 내가 그들의 형제 중에서 너와 같은 선지자 하나를 그들을 위하여 일으키고 내 말을 그 입에 두리니 내가 그에게 명령하는 것을 그가 무리에게 다 말하리라(신18장 18절)

그리고 '말씀하신 하나님'이라 할 때의 "말씀한다"는 말이 히브리어에서는 "행동한다", "일한다" 등으로 쓰입니다. 그래서 말씀하시는 하나님은 바로 행동하시는 하나님, 일하시는 하나님이란 말이 됩니다. 그런데 옛날에는 대변자들인 선지자들을 통하여 말씀하셨으나 사람들이 귀를 기울이지 않았기에 마지막 수단으로 아들을 통하여 말씀하셨습니다. 그 아들에 관한 말씀이 히브리서의 내용입니다.

히브리서에서는 하나님께서 아들 그리스도에 대하여 두 가지로 말씀하십니다.

첫째는 예수의 제사장직에 대한 내용입니다. 레위 지파의 계통이 아닌 멜기세덱의 계통을 따른 예수의 대제사장직을 설명해 주고 있습니다.

둘째는 이스라엘 백성들이 해마다 7월 10일이면 드리던 대속죄일 예식과 예수의 역할에 있어 제물로서의 예수를 말해 줍니다.

우리에게 제단이 있는데 장막에서 섬기는 자들은 그 제단에서 먹을 권한이 없나니(히브리서 13장 10절)

여기서 말하는 제단은 대속죄일에 드리는 속죄 제사를 말합니다. 이때 염소 두 마리가 준비되는데 먼저 한 마리를 잡아 그 피를 대제사장이 손에 들고 지성소로 들어가 일곱 번 뿌립니다. 그리고 육체는 다른 제사들의 경우와는 달리 제사장들이 먹지를 못하고 성막 밖으로 들고 나가 완전히 불에 태웁니다. 다른 한 마리 염소를 아사셀 염소라 일컫는데 대제사장이 그 머리에 안수한 뒤 사막 한가운데로 끌고 나가 풀어 놓습니다. 아사셀 염소는 막막한 사막 한 가운데서 사자나 늑대의 밥이 되거나 지쳐 쓰러져 죽게 됩니다.

이 제사에 예수님을 비유하여 자신의 피로 백성들의 죄를 사하고 자신은 문밖에서 고난을 받으셨으니 이런 예수를 본받아 우리들도 예수의 십자가를 지고 교회 밖 세상으로 나가 섬기는 자의 삶, 희생하고 헌신하는 자의 삶을 살아가자는 것이 히브리서의 결론입니다.

히브리서를 일컬어 제5 복음이라 합니다. 마태, 마가, 누가, 요한복음을 4 복음서라 함에 비추어 히브리서를 5 복음이라 합니다. 4 복음서들은 예수께서 지상에 계시던 때의 행적을 적은 내용이라면 5 복음서는 부활 승천하신 후 하나님 보좌 우편에 계시면서 우리를 돌보시고 계시기에 5 복음서라 일컫습니다.

히브리서의 주제가 우리들의 영원한 대제사장 되신 예수 그리스도입니다. 구약 전통에서 제사장은 레위 지파에 속하여야 하는데 예수님은 유다 지파입니다. 그래서 제사장이 될 수 없습니다. 그런데 왜 예수님을 대제사장이라 하겠습니까? 창세기 14장에 등장하는 멜기세덱의 항렬을 따르는 제사장이라 일컫습니다.

창세기 14장에서 아브라함이 전쟁에서 이기고 돌아오던 때에 살렘 왕 멜기세덱이 아브라함을 맞아 그를 축복하였습니다. 그래서 아브라함이 그에게 십일조 헌금을 바쳤습니다. 그래서 예수님을 멜기세덱 항렬을 따른 제사장이라 일컫습니다.

우리들의 영원한 대제사장 되신 예수 그리스도는 하늘에 있는 하나님의 보좌 우편에 계시면서 우리들의 사정을 낱낱이 살피시고 도우십니다. 히브리서 2장 18절에 이르기를 예수께서 지상에 계시던 때에 몸소 민생고를 친히 겪으셨기에 우리들의 사정을 익히 아셔서 우리를 도우실 수 있다고 하였습니다.

> 그가 시험을 받아 고난을 당하셨은즉 시험 받는 자들을 능히 도우실 수 있느니라(히브리서 2장 18절)

4장 15절에서도 다음같이 일러 줍니다.

우리에게 있는 대제사장은 우리의 연약함을 동정하지 못하실
이가 아니요 모든 일에 우리와 똑같이 시험을 받으신 이로되
죄는 없으시니라(히브리서 4장 15절)

그러기에 우리들 크리스천들은 담대함으로 지성소 보좌 앞으로 날마다 당당히 나아갈 것입니다.

그러므로 우리는 긍휼하심을 받고 때를 따라 돕는 은혜를 얻
기 위하여 은혜의 보좌 앞에 담대히 나아갈 것이니라
(히브리서 4장 16절)

인생살이는 세 가지 중 한 가지를 선택하는 것입니다. 도피하든 방관하든 맞부딪히든 셋 중 한 가지를 선택합니다. 우리가 세상 살아가는 동안 여러 시련과 장애에 부딪힐 때 이런 시련과 장애를 도피하려 들거나 방관하지 말며, 정면에서 담대하게 돌파하여 나가는 것이 영적인 태도입니다. 그렇게 담대하게 부딪혀 나갈 때 하나님의 도움의 손길이 임하십니다. 히브리서 4장 16절에 "담대하게 은혜의 보좌로 나아가라"고 말씀합니다. 그리고 히브리서 10장 39절에서 다음과 같이 일러줍니다.

우리는 뒤로 물러가 멸망할(침륜에 빠질) 자가 아니요 오직 영
혼을 구원함에 이르는 믿음을 가진 자니라(히브리서 10장 39절)

여기서 침륜에 빠진다는 말은 '슬럼프에 빠진다' 또는 '자포자기한 상태에 빠진다'는 말입니다. 우리가 어떤 어려움에 처하게 되었을 때 뒤로 물러나거나, 슬럼프에 빠지거나, 자포자기한 상태에 빠져드는 것은 영적인 죽음을 뜻합니다. 믿음의 사람들은 어느 경우에나 전진하는 사람들이요 은혜의 보좌 앞으로 담대히 나아가는 사람들입니다. 우리 앞을 가로막는 어려움을 담대함으로 정면 돌파하는 사람들입니다. 마태복음 11장 12절에는 다음과 같이 일러줍니다.

> 세례 요한의 때부터 지금까지 천국은 침노를 당하나니 침노하는 자는 빼앗느니라(마태복음 11장 12절)

전쟁터에서 병사가 죽음을 무릅쓰고 앞으로 전진하듯, 우리는 우리 앞에 놓인 목표를 향하여 전진하여야 합니다. 우리 앞에 놓인 장해들을 담대함으로 돌파하여야 합니다. 그럴 때 길이 열립니다. 그런 사람들에게 승리가 약속되어 있습니다.

> 그러므로 형제들아 우리가 예수의 피를 힘입어 성소에 들어갈 담력을 얻었나니(히브리서 10장 19절)

10장 19절에 "예수의 피를 힘입어 성소에 들어갈 용기를 얻었다"라고 말씀하였습니다. 이 본문을 이해하려면 구약성경 중의 레위기에 자세히 기록된 제사에 대한 내용을 이해하여야 합니다. 레위기 중에서도 특별히 16장에 기록된 속죄일 제사의 내용에 대한 이해가 중심입니다.

구약시대에는 매년 7월 10일을 속죄일로 정하고 그날 하루는 온 국민이 금식하면서 하나님께 일 년간 지은 죄를 회개하는 제사를 드렸습니다. 이때 염소를 두 마리를 준비하여 그 두 마리 염소 중에 한 마리는 '주를 위하여'라고 표시하고 다른 한 마리는 '아사셀을 위하여'라고 표시합니다.

먼저 '주를 위하여'라고 표시된 염소를 잡아 그 피를 제사장이 그릇에 담아 성소로 들어갑니다. 성소에서 지성소로 들어가 속죄소 제단에 피를 일곱 번 뿌립니다. 그리고 나아와 염소의 몸을 성막 밖에서 불사르게 됩니다.

이 제사를 신약에 들어와서는 예수님이 흘리신 피가 믿는 자들의 죄를 용서하는 속죄의 피가 되었습니다. 그래서 예수의 피로 죄를 속함 받은 그리스천들이 지성소까지 확신을 지니고 들어갈 수 있게 되었습니다. 그런데 성소와 지성소 사이에 휘장이 있습니다. 이 휘장 안으로는 대제사장만 들어갈 수 있었는데, 이 휘장이 예수님께서 십자가에 죽으실 때 위에서 아래로 찢어졌습니다. 이 사건에 대하여 10장 20절에서 다음 같이 말해주고 있습니다.

그 길은 우리를 위하여 휘장 가운데로 열어 놓으신 새로운 살 길이요 휘장은 곧 그의 육체니라(히브리서 10장 20절)

예수께서 이루신 일이 구약의 제사를 폐지하고 자신의 몸을 바쳐 새로운 구원의 길을 열었다는 것입니다. 예수님이 십자가에서 숨을 거둔 직후에 예루살렘 성전 안에서 일어났던 큰 사건에 대하여 마태복음 27장 51절에 다음 같이 말하고 있습니다.

예수께서 다시 크게 소리 지르시고 영혼이 떠나시니라 이에 성소 휘장이 위로부터 아래까지 찢어져 둘이 되고 땅이 진동하며 바위가 터지고(마태복음 27장 50~51절)

예수님이 십자가에서 몸이 찢어지신 사건이 구약시대의 번거롭고 한정된 제사를 폐지하고 새롭고 영원한 제사를 드리는 계기를 이루었다는 것입니다. 이 사실을 받아들여 믿는 사람들에게, '땅의 자녀'가 '하늘의 자녀'로 신분을 바뀌게 해주신다는 약속입니다. 그 약속을 믿고 인생을 투자하는 사람들이 바로 크리스천들입니다.

믿음은 바라는 것들의 실상이요 보이지 않는 것들의 증거니 선진들이 이로써 증거를 얻었느니라(히브리서 11장 1~2절)

히브리서 11장을 믿음장이라 부릅니다. 믿음으로 승리한 인물들을 줄줄이 소개합니다. 11장 1절과 2절에 믿음이란 무엇인가에 대한 깊이 있는 말씀이 나옵니다.

이 말씀은 믿음에 대한 간단한 언급이지만 믿음에 대한 본질을 일러 줍니다. 먼저 첫 부분의 '믿음은 바라는 것들의 실상'이란 말부터 살펴봅시다. '실상'이란 말의 헬라어는 '알렉시스'란 단어입니다. 이 단어는 '받침대'란 말입니다. 믿음이란 우리가 바라고 꿈꾸고 기대하는 것들이 우리가 거기까지 도착할 때까지 받쳐 주는 받침대란 것입니다. 우리가 바라는 것들을 향해 전진할 때 거기까지 도착하기까지 사라지지 않도록 받쳐 주는 받침대가 믿음이란 것입니다.

그리고 믿음은 "보이지 않는 것들을 보는 증거"라 하였습니다. 여기서 '증거'란 말의 원문 단어는 휘포스타시스란 단어입니다. 이 말의 의미는 믿음이란 눈으로 보이지 않는 것들을 가슴으로 본다는 뜻입니다. 그래서 믿음이란 눈으로는 볼 수 없는 것을 가슴으로 보는 것이 믿음이란 것입니다.

그래서 믿음의 세계에는 가슴이 중요합니다. 눈으로는 보이지 아니하지만, 가슴에 뜨겁게 임하는 증거로 볼 수 있는 것이 믿음의 세계입니다. 믿음이란 우리들이 바라고 꿈꾸고 기대하는 것들이 거기에 도달할 때까지, 거기에 도착하기까지 사라지지 않도록 받쳐 주는 받침대요, 육신의 눈으로는 볼 수 없으되 가슴에 임하는 확신으로 보는 것이 믿음입니다.

> 또 아들들에게 권하는 것 같이 너희에게 권면하신 말씀도 잊었도다 일렀으되 내 아들아 주의 징계하심을 경히 여기지 말며 그에게 꾸지람을 받을 때에 낙심하지 말라 주께서 그 사랑하시는 자를 징계하시고 그가 받아들이시는 아들마다 채찍질

하심이라 하였으니(히브리서 12장 5~6절)

크리스천들에게도 시련이 따르고 때로는 좌절과 낙담 중에 갈피를 잡지 못할 경우가 있습니다. 그럴 때 우리는 그런 시련과 좌절 속에 깃들인 여호와의 손길을 깨달을 수 있어야 합니다.

첫째는 하나님의 거룩하심에 참여케 하려 하심입니다.

그들은 잠시 자기의 뜻대로 우리를 징계하였거니와 오직 하나님은 우리의 유익을 위하여 그의 거룩하심에 참여하게 하시느니라(히브리서 12장 10절)

성화(聖化)의 목적입니다. 숱한 고난과 아픔을 거치면서 우리의 인격과 성품이 승화되어 정화의 높은 단계로 나아가게 됩니다. 마치 용광로에서 단련을 통하여 불순물을 제거해 나가는 과정과 같습니다.

둘째는 우리로 평강의 경지에 이르게 하려는 목적입니다.

무릇 징계가 당시에는 즐거워 보이지 않고 슬퍼 보이나 후에 그로 말미암아 연단 받은 자들은 의와 평강의 열매를 맺느니라(히브리서 12장 11절)

여기서 평강이란 온갖 번뇌, 잡념, 집착을 초극한 평정심不靜心의 단계를 일컫습니다.

셋째는 순금(정금) 같은 믿음을 얻게 되는 목적입니다.

그러나 내가 가는 길을 그가 아시나니 그가 나를 단련하신 후에는 내가 순금 같이 되어 나오리라(욥기 23장 10절)

여기서 정금은 순도 99.9% 순도 높은 믿음을 일컫습니다.

넷째는 떡(경제)이 아니라 여호와의 말씀이 첫째임을 깨닫게 하기 위해서입니다.

너를 낮추시며 너를 주리게 하시며 또 너도 알지 못하며 네 조상들도 알지 못하던 만나를 네게 먹이신 것은 사람이 떡으로만 사는 것이 아니요 여호와의 입에서 나오는 모든 말씀으로 사는 줄을 네가 알게 하려 하심이니라(신명기 8장 3절)

인생살이에서 최고의 우선순위가 하나님의 말씀임을 깨닫게 하기 위해서는 우리에게 시련과 고난의 시절이 필요합니다.

그런즉 우리도 그의 치욕을 짊어지고 영문 밖으로 그에게 나

아가자(히브리서 13장 13절)

구약성경의 3번째 책인 레위기가 시작되면서, 5가지 제사가 나옵니다. 번제, 소제, 화목제, 속죄제 그리고 속건제입니다. 제사들 중 속죄제가 있습니다. 속죄제의 핵심은 만인의 죄를 속죄하시기 위하여 십자가에서 피 흘려 죽으신 예수 그리스도입니다.

속죄제에는 희생되는 짐승의 피를 대제사장이 가지고 성소로 들어가고 그 짐승의 몸은 사람들이 회막 밖의 구별된 지역으로 가지고 나가 불로 태우게 됩니다.

이에 대하여 히브리서의 마지막 장인 13장 끝부분에서 예수님의 삶에 비추어 다음 같이 말합니다.

> 이는 죄를 위한 짐승의 피는 대제사장이 가지고 성소에 들어가고 그 육체는 영문 밖에서 불사름이라 그러므로 예수도 자기 피로써 백성을 거룩하게 하려고 성문 밖에서 고난을 받으셨느니라 그런즉 우리도 그의 치욕을 짊어지고 영문 밖으로 그에게 나아가자(히브리서 13장 11~13절)

속죄제를 지낼 때 희생되는 짐승의 피를 대제사장이 그릇에 담아 성소로 들어가 속죄의 제사를 지내고 그 짐승의 육체는 사람들이 먹지 아니하고 회막 밖에 있는 구별된 장소로 나가 불사르게 됩니다.

속죄제의 이런 절차를 예수님의 삶에 비추어 일러줍니다. 속죄제사에서 희생된 짐승들의 육체를 회막 밖에서 불사르게 된 것과 같이, 예수님 역시 영문 밖인 세상으로 나가시어 고난 당하시고 자기 몸을 희생 제물로 바치셨습니다. 그러니 우리들도 예수님처럼 희생하고 헌신하는 삶을 살아야 합니다.

레위기 4장에 나오는 속죄제 제사와 예수님의 삶과 우리들의 삶을 연결하여 우리에게 결단을 촉구합니다. 예수님이 지신 치욕의 십자가를 지고 영문 밖인 세상으로 나가 예수님처럼 살자는 것입니다.

레위기는 거룩한 생활을 강조하는 책입니다. 거룩한 생활의 첫 번째는 제사 드리는 삶이기에 레위기는 시작하면서 먼저 5가지 제사로부터 시작됩니다. 거룩하고 생명력 있는 제사가 거룩한 생활의 시작이요, 본질이기 때문입니다.

야고보서는 다섯 장으로 돼 있고 저자는 예수님의 동생 야고보입니다. 그런데 예수님의 친동생 야고보는 예수님의 사역 기간에는 예수님을 메시아로, 그리스도로 받아들이지 않았습니다. 그런데 예수님이 십자가에서 죽으시고 부활하신 모습을 목격하고 자기 형님이 아니라 메시아 그리스도로 모시게 되고 초대 교회에 베드로, 바울, 요한과 함께 4대 지도자의 역할을 했습니다.

야고보서는 제2의 로마서, 또는 로마서의 부록이라는 별명을 갖고 있습니다. 로마서에서 부족하다고 생각하는 부분을 야고보서가 보충해 줍니다.

사도 바울이 로마서에서 "오직 믿음으로 구원을 받는다"라고 했습니다. 교회 전통도 아니고 율법도 아니다. 우리 행위가 아니라 그리스도를 자기 주인으로 믿는 믿음으로 구원받는다는 도리가 틀림없는 진리이다. 그런데 입으로만 믿는다 하고 성경에서 말하는 영적인 삶이 없으면 그 믿음은 어떻게 되는가? 그것에 대해 해답을 해주는 책이 야고보서입니다.

> 하나님과 주 예수 그리스도의 종 야고보는 흩어져 있는 열두 지파에게 문안하노라(야고보서 1장 1절)

야고보서 1장 1절 같은 부분을 슬쩍 읽고 지나가 버리면 성경 읽는 수준이 아직은 초보 단계입니다. 1장 1절이 왜 중요하냐? 야고보가 예수님의 동생이라면 '예수님의 친동생 야고보는' 이렇게 나가야 할 텐데 예수님을 구주로 영접한 뒤에 형제 관계는 넘어선 것이지요. 자기 영혼의 주인, 예수로 고백한 것입니다.

흩어져 있는 열두지파가 헬라어로 '디아스포라' 지파입니다. '디아스포라'는 흩어져 있는 생명, 흩어져 있는 생명의 씨앗, 복음의 씨앗, 진리의 씨앗이라는 뜻입니다. 그래서 세계 어느 곳에 살든지 복음의 씨앗으로, 생명을 가진 진 사랑의 씨앗으로 사는 겁니다.

> 내 형제들아 너희가 여러 가지 시험을 당하거든 온전히 기쁘게 여기라 이는 너희 믿음의 시련이 인내를 만들어 내는 줄 너희가 앎이라 인내를 온전히 이루라 이는 너희로 온전하고 구비하

여 조금도 부족함이 없게 하려 함이라 너희 중에 누구든지 지혜가 부족하거든 모든 사람에게 후히 주시고 꾸짖지 아니하시는 하나님께 구하라 그리하면 주시리라(야고보서 1장 2~5절)

  육체적인 질병, 사업의 부도, 직장을 잃기도 하는 어렵고 힘든 시험이 많지 않습니까? 시험을 당하거든 기뻐하라고 하십니다. 시련이 인내를 인내가 영적으로, 인간적으로, 정신적으로 온전한 사람 되게 하니 기뻐하라고 하십니다.

  야고보서 1장에 시험이 두 가지가 있습니다. 첫째는 2절에서 4절에 나오는 하나님이 주시는 시험입니다. 영적으로 성숙하게 하시려고 주는 하늘로부터 오는 시험입니다.

  두 번째는 1장 13절의 "사람이 시험을 받을 때에 내가 하나님께 시험을 받는다 하지 말지니 하나님은 악에게 시험을 받지도 아니하시고 친히 아무도 시험하지 아니하시느니라"라는 말씀처럼 땅으로부터 오는 시험, 자기 육신으로부터 오는 정욕, 탐심과 같은 세상으로부터 오는 시험입니다.

  하나님이 주신 시험은 순종하면 됩니다. 그 시험에 순종하면 시험을 거두십니다. 가장 대표적인 경우가 창세기 22장에 하나님이 아브라함에게 네 독자 아들을 바치라고 했습니다. 매우 큰 시험이지만 아브라함이 순종했을 때 큰 축복이 되었습니다.

  육신으로 오는 시험은 어떻게 해야 하느냐? 회개하면 시험을 거두십니다. 우리가 사노라면 시험을 당하게 마련인데 잘 살펴야 합니다.

하나님께로 부터 오는 시험은 순종하면 복이 임하고 내 정욕, 내 욕심으로 당하는 시험은 빨리 회개하면 시험을 통과할 수 있습니다.

> 누구든지 스스로 경건하다 생각하며 자기 혀를 재갈 물리지 아니하고 자기 마음을 속이면 이 사람의 경건은 헛것이라 하나님 아버지 앞에서 정결하고 더러움이 없는 경건은 곧 고아와 과부를 그 환난중에 돌보고 또 자기를 지켜 세속에 물들지 아니하는 그것이니라(야고보서 1장 26~27절)

경건은 두 가지가 합쳐야 참된 경건입니다. 자신을 절제하고 인내하고 자기를 잘 관리해서 정욕의 욕심이나 탐심에 빠지지 않는 것, 즉 세상 풍속에 물들지 않는 것이 첫째입니다.

둘째는 과부와 어려움 가운데 있는 자들을 돌아보는 것입니다. 자기 자신을 깨끗하게 하는 데 머물지 말고, 어려움에 처한 형제 자매를 돕는 것까지 해야 진정한 경건을 이룰 수 있습니다.

> 내 형제들아 만일 사람이 믿음이 있노라 하고 행함이 없으면 무슨 유익이 있으리요 그 믿음이 능히 자기를 구원하겠느냐
> (야고보서 2장 14절)

로마서에서 구원은 믿음으로 받는다고 했는데 야고보서에서는 그 믿음이 살아있는 믿음과 죽은 믿음이 있다고 합니다. 죽은 믿음은 어

떤 믿음이냐? 삶이 뒷받침되지 않는, 실천이 없는 믿음을 죽은 믿음이라고 확실히 말씀하십니다. 산 믿음은 행함이 따르는 믿음입니다. 그래서 26절이 결론입니다.

영혼 없는 몸이 죽은 것 같이 행함이 없는 믿음은 죽은 것이니라

3장에 들어가서는 말에 대해서 말합니다. 우리가 말하면서 살아가는데 말이 온전한 말을 해야지, 말로 인해 시험에 들면 그 믿음이 무너집니다.

우리가 다 실수가 많으니 만일 말에 실수가 없는 자라면 곧 온전한 사람이라 능히 온 몸도 굴레 씌우리라(야고보서 3장 2절)

내가 중학생 두 명이 말다툼하는 걸 옆에서 들었는데 한쪽에서 말이 딸리니까 "너는 목사 하면 잘하겠네"라고 해서 내가 상당히 충격을 받았습니다. 그건 상당히 목사를 나쁘게 보는 거지요. 그 중학생들이 말만 잘하고 실천이 없는 목사를 비꼬는 겁니다.

그 사람의 말이 인격입니다. 내가 대학에서 철학 공부할 때 '세만틱스Semantics'란 과목이 있었습니다. '세만틱스'를 우리말로 번역하면 의미론이 되겠습니다. 이 과목을 간략히 설명하자면 한 사람의 됨됨이나 값어치는 그 사람의 말, 언어를 분석하면 알게 된다는 이론입니다. 그 사람의 말이 곧 그 사람의 전부입니다.

우리는 일상생활에서 말하며 살아갑니다. 그렇게 숱하게 하는 말 속에 자신의 인격과 품위가 배어납니다. 그래서 야고보서는 말합니다. 만일 말에 실수나 허물이 없는 자라면, 그가 성숙한 사람이라 했습니다. 그리고 일러 줍니다.

> 또 배를 보라 그렇게 크고 광풍에 밀려가는 것들을 지극히 작은 키로써 사공의 뜻대로 운행하나니 이와 같이 혀도 작은 지체로되 큰 것을 자랑하도다 보라 얼마나 작은 불이 얼마나 많은 나무를 태우는가 혀는 곧 불이요 불의의 세계라 혀는 우리 지체 중에서 온 몸을 더럽히고 삶의 수레바퀴를 불사르나니 그 사르는 것이 지옥 불에서 나느니라(야고보서 3장 4~6절)

기독교 신앙은 말의 신앙입니다. 하나님의 말이 신앙의 기준이 됩니다. 하나님을 믿는 우리 역시 말로 우리 자신의 인격과 값어치를 증명합니다.

> 들으라 부한 자들아 너희에게 임할 고생으로 말미암아 울고 통곡하라 너희 재물은 썩었고 너희 옷은 좀먹었으며 너희 금과 은은 녹이 슬었으니 이 녹이 너희에게 증거가 되며 불 같이 너희 살을 먹으리라 너희가 말세에 재물을 쌓았도다(야고보서 5장 1~3절)

이 말씀에서 오해가 있습니다. 재물은 나쁜 것이고 재물이 많으면 타락한다고 부정적으로 해석하는 분이 있습니다. 이 말씀에서 재난을 일으키는 재물은 하나님의 자리에 재물을 쌓는 것을 말합니다. 그 재물이 하나님의 뜻 안에 있는 재물이 아니고 하나님의 자리에 물질, 기업을 쌓아 놓는 것을 여기서 말합니다.

성경적으로 재물에 대한 관점은 두 가지입니다. 첫째는 청빈 사상이고 둘째는 청부 사상입니다. '가난하고 깨끗하게 산다'라면 청빈입니다. '깨끗한 부자로 산다'라면 청부입니다.

우리 프로테스탄트, 특별히 장로교는 청빈 쪽이겠습니까? 청부 쪽이겠습니까? '열심히 벌어서 하나님의 뜻에 따라 쓴다'는 것이 우리 장로교의 재물에 대한 정신입니다. 하나님께서 아브라함, 이삭, 야곱에게 계속 재물 축복을 주십니다. 그런데 그 재물이 자기를 편하게 살아라고 주는 재물이 아니라 하나님을 위해서 쓰임 받는 재물이라는 것이 청부 사상입니다.

야고보서가 5장까지 있는데 1장에서 기도하면 지혜를 주신다는 말씀이 나오고 끝장인 5장에 또 기도에 대해서 일러주십니다.

> 엘리야는 우리와 성정이 같은 사람이로되 그가 비가 오지 않기를 간절히 기도한즉 삼 년 육 개월 동안 땅에 비가 오지 아니하고 다시 기도하니 하늘이 비를 주고 땅이 열매를 맺었느니라(야고보서 5장 17~18절)

성정이 같은 사람이라는 말은 우리 같은 보통 사람이라는 말입니다. 위대한 영적 지도자 엘리야는 절대로 특별한 사람이 아니지만 그가 기도하니까 3년 6개월 동안 비가 안 오고 또다시 기도하니까 3년 6개월 비가 오지 않던 하늘에서 비가 왔다. 기도가 그렇게 위대하다고 일러 줍니다.

평범한 우리가 고난 당할 때, 병들었을 때, 죄를 지었을 때 서로 기도하면 엘리야와 같이 위대한 역사가 일어난다고 말씀하십니다. 그래서 야고보서가 우리 신앙생활에 교과서라 할 수 있습니다.

<u>베드로전서</u>는 5장으로 되어있고 후서는 3장으로 되어있는데 AD 64년에 네로 황제의 핍박이 있었습니다. 핍박 2년 후에 베드로가 초대교회 지도자로서 고통 당하는 성도들을 위로하고 격려하기 위해 쓴 편지입니다. 베드로전서의 키워드, 핵심이 3장 14절~15절입니다.

> 그러나 의를 위하여 고난을 받으면 복 있는 자니 그들이 두려워하는 것을 두려워하지 말며 근심하지 말고 너희 마음에 그리스도를 주로 삼아 거룩하게 하고 너희 속에 있는 소망에 관한 이유를 묻는 자에게는 대답할 것을 항상 준비하되 온유와 두려움으로 하고(베드로전서 3장 14~15절)

그때 고난의 시대에는 고난이 재산을 빼앗기고 순교하는 엄청난 고통이지요. 복음을 위하여 고난을 받으면 복 있는 자라고 했습니다.

세상 사람들과 차별되는 것이 거룩입니다. 거룩을 오해하기 쉬워요. 거룩이 목소리나 보이는 모습으로 생각하는데, 속사람이 세상 사람들과 차별화되는 것이 거룩입니다.

온갖 핍박과 환란을 당하면서도 기꺼이 웃으면서 순교할 수 있는 그 마음이 정말 거룩함입니다. 왜냐하면 천국 소망이 있기 때문입니다. 예수님은 희망의 주인이요, 희망을 주시는 분입니다.

영어 성경은 다 그냥 희망hope인데 한글 성경에서는 희망이라 안 쓰고 소망이라고 쓰는 이유는 희망과 소망은 같은 말인데 강조점이 다릅니다. 목표가 분명한 희망을 소망이라고 합니다.

우리 크리스천들에게는 확실한 소망이 있습니다. 하늘나라에 대한 소망이 있고, 성령 충만의 소망이 있고, 그리스도의 제자가 되는 소망이 있고 하나님의 사랑의 일꾼이 되는 소망이 있습니다. 세상 사람들이 당신은 뭐 재물이 있는 것도 아니고 명예가 있는 것도 아닌데 왜 항상 희망이 넘치냐고 물으면 그 물음에 대답할 준비를 해라. 선교 명령입니다.

"예수님이 나의 주인이기 때문이다. 예수님을 주인으로 모시면 희망이 생긴다. 어떤 고난도 이겨낼 수 있는 소망이 나에게 있다."

그래서 베드로전서 3장 14절 15절이 베드로전서의 키워드라고 말하는 것입니다. 예수 그리스도가 머리가 되시는 교회는 희망을 심어

주는 희망 제작소가 되어야 합니다. 교회에 가서 희망을 배워야지, 신앙생활 하면서 희망을 품지 못해서 좌절하고 우울증 걸리면 아까운 일입니다.

> 그러므로 하나님의 능하신 손 아래에서 겸손하라 때가 되면 너희를 높이시리라 너희 염려를 다 주께 맡기라 이는 그가 너희를 돌보심이라(베드로전서 5장 6~7절)

내가 목회할 때 가장 목회 기준이 되는 말씀입니다. 우리가 할 일은 하나님 앞에서 낮아지는 겸손이고, 높여 주는 것은 하나님의 역할입니다. 겸손하게 밑바닥에서 일하면 하나님의 때에 높여주십니다. 사람이 정하는 것이 아닙니다. 하나님의 일을 하면서 스스로 높아지려고 하면 하나님의 영광이 떠납니다.

베드로전서 5장 7절이 내 목회의 좌우명입니다.

"너희 염려를 다 주께 맡기라 이는 그가 너희를 돌보심이라"

신앙은 맡기는 것입니다. 믿는다는 것은 신뢰하는 것이고 신뢰하는 것은 맡기는 것입니다. 어머니가 갓난아기를 품에 돌보듯이 우리 주님이 너희들을 돌보고 계시니 맡기라고 일러주십니다.

내가 옛날에 일이 꼬이고 매우 어려웠을 때가 있었는데 그때 주님 앞에서 내가 크게 깨달았습니다. 이 복잡한 문제를 내가 안고 허둥대지 말고, 주님께 맡기고 하나님의 뜻에 합당하게 살자고 했더니 그 문제가 눈 녹듯이 풀렸습니다.

> 그러므로 형제들아 우리가 빚진 자로되 육신에게 져서 육신대로 살 것이 아니니라 너희가 육신대로 살면 반드시 죽을 것이로되 영으로써 몸의 행실을 죽이면 살리니(로마서 8장 12~13절)

내가 평생 잊을 수 없는 말씀입니다. 세상적으로 하지 말고 육신을 의지하지 말고, 네 지식, 네 판단, 네 수단에 의지하지 말고 전능하신 하나님께 맡겨라. 영적으로 살면 네가 살 길이 열린다는 말씀입니다.

베드로 후서 2장 20절에서 22절이 베드로 사도가 우리에게 권면하는 위대한 권면입니다.

> 만일 그들이 우리 주 되신 구주 예수 그리스도를 앎으로 세상의 더러움을 피한 후에 다시 그 중에 얽매이고 지면 그 나중 형편이 처음보다 더 심하리니 의의 도를 안 후에 받은 거룩한 명령을 저버리는 것보다 알지 못하는 것이 도리어 그들에게 나으니라 참된 속담에 이르기를 개가 그 토하였던 것에 돌아가고 돼지가 씻었다가 더러운 구덩이에 도로 누웠다 하는 말이 그들에게 응하였도다(베드로후서 2장 20~22절)

신앙 생활하다가 빗나가고, 실족하고, 받은 은혜 다 까먹는 사람들이 있습니다. 내가 집회에 다녀보니 지난날에 은사를 충만히 받고 영적 체험이 있는 사람이 알코올 중독자가 되어 완전히 폐인이 됐더라고요. 은혜를 받는 것도 중요하지만 받은 은혜를 잘 지켜 나가는 것이 중요합니다.

은혜받고 하나님의 자녀가 되는 것을 신학 용어로 의롭게 된다고 합니다. 의롭게 되어서 왕 같은 제사장이 됐는데 그걸 지켜 나가는 것이 성화입니다. 성화, 거룩함을 이루어 나가야 합니다.

받은 은혜를 잘 지켜나가는 성화를 이루지 못하면 천국 들어갈 때 영광스럽게 되는 영화에 문제가 생깁니다. 베드로가 거룩함을 지켜 나가는 성화를 말하고 있습니다.

22절이 아주 명언입니다. "속담에 이르기를 그 개가 그 토하였던 것에 돌아가고 그 개가 씻었다가 더러운 구덩이에 도로 누웠다"라는 것은 회개했던 죄를 다시 되풀이한다는 말입니다. 그러니까 말씀을 깨닫고 성령 받고 감동했다가 세상 풍파에 시달리고, 또 때로는 교회가 분쟁하는 걸 보고 상처받고, 막 이런저런 일로 실족하는 경우들이 있지요.

여기에서 우리가 성경을 제대로 이해해야 합니다. 내가 시골에서 청송 복동교회라는 작은 시골 교회에 다녔는데 어느 날 어머니 따라 부흥회에 갔습니다. 그때는 월요일에서 금요일 저녁까지 했어요. 낮 예배 때 히브리서를 얘기하면서 히브리서 6장에서 한 번 성령 받고 거듭난 사람이 타락하면 구원에서 제외된다고 가르쳤습니다.

그 교회에 다니는 권사님이 17년 전에 지은 죄로 평생 죄의식을 가지고 살고 있었는데 그 부흥사 목사님의 강의를 듣고 '아이고 죽어도 지옥이고 살아도 지옥이구나' 하고는 자살해 버렸습니다.

한 번 빛을 받고 하늘의 은사를 맛보고 성령에 참여한 바 되고
하나님의 선한 말씀과 내세의 능력을 맛보고도 타락한 자들은
다시 새롭게 하여 회개하게 할 수 없나니 이는 그들이 하나님
의 아들을 다시 십자가에 못 박아 드러내 놓고 욕되게 함이라
(히브리서 6장 4~6절)

이 말씀을 가르치면서 성령 받고 체험하고 은혜받았는데 타락하면 구원에서 제외된다고 가르치니까 권사님이 자살한 거예요. 성경적인 정확한 해석은 뭐겠습니까?
절대로 용서받지 못하는 죄는 한 가지입니다. 마지막까지 용서받지 못하는 죄, 사람이 은혜 받았다가 타락하기도 하고 정욕에 취해, 분위기에 따라 휩쓸리기도 하고 인간 세상 사연이 많잖아요. 그런데 절대로 구원이 제외되는 죄는 이것 한 가지입니다.

회개하지 않는 죄

주님 앞에 엎드려 회개하면 "너희 허물과 죄를 기억도 하지 아니하리라"고 말씀하셨습니다. 이것이 복음입니다.

요한복음과 요한1서는 같은 사도 요한이 썼는데 독자가 다릅니다. 요한복음 20장 31절에 요한복음의 독자가 나옵니다.

> 오직 이것을 기록함은 너희로 예수께서 하나님의 아들 그리스도이심을 믿게 하려 함이요 또 너희로 믿고 그 이름을 힘입어 생명을 얻게 하려 함이니라(요한복음 20장 31절)

예수님을 모르는 사람이 요한복음을 읽고 예수가 그리스도이심을 믿고 그 믿음으로 생명을 얻게 하려고 요한복음을 썼습니다. 그런데 요한1서는 다릅니다.

> 내가 하나님의 아들의 이름을 믿는 너희에게 이것을 쓰는 것은 너희로 하여금 너희에게 영생이 있음을 알게 하려 함이라
> (요한1서 5장 13절)

요한1서는 이미 믿고 있는 사람들, 그러니까 이미 믿는 사람은 영원한 생명, 영생이 있다는 것을 깨닫게 하려고 썼습니다. 그러니까 요한1서는 쉽게 말하자면 교인들을 위해서 썼습니다.

교회를 다니면서도 자기에게 영원한 생명, 영생이 있는 줄 모르고 그냥 다니는 사람이 있습니다. 모태신앙이 빠지기 쉬운 약점이 있습니다. 어려서부터 그냥 교회 다니니까 교회 다니는 게 문화예요. 그러니까 예수님과의 만남, 예수를 믿음으로 생명을 얻었다고 하는 감

동과 고백이 없이 그냥 다닙니다. 그러다가 세상 유혹에 빠지거나 풍파가 심하면 제풀에 떨어지는 사람들이 많습니다.

> 이 세상이나 세상에 있는 것들을 사랑하지 말라 누구든지 세상을 사랑하면 아버지의 사랑이 그 안에 있지 아니하니 이는 세상에 있는 모든 것이 육신의 정욕과 안목의 정욕과 이생의 자랑이니 다 아버지께로부터 온 것이 아니요 세상으로부터 온 것이라(요한1서 2장 15~16절)

하나님을 사랑하고 세상에 있는 것들을 하나님이 맡긴 청지기직으로 잘 관리해야 하는데 세상의 물질이나 명예나 세상 것을 사랑해 버리면 안 됩니다.

육신의 정욕, 안목의 정욕, 이생의 자랑 이 세 가지로 사탄이 성도를 시험합니다. 목회자와 그 가족을 시험하는 것도 마찬가지요. 사람들에게 가장 약한 것으로 접근합니다.

밑바닥에서 어렵게 목회하다 보면 약한 부분이 있습니다. 물질에 약해요. 내가 빈민 선교를 오래 했는데 빈민촌 사람들이 돈에 약해요. 그래서 몇 푼 안 되는 이권에 지조를 팔아먹고, 신의를 배반하고 실컷 도와줬는데 밀가루가 안 보이면 변해버립니다.

예수님이 마태복음 4장에서 시험 당할 때도 이 세 가지 시험이었습니다.

"돌들이 떡이 되게 하라."

육신의 정욕이지요.

"높은 성전 꼭대기에서 뛰어내려 인기를 끌어라."

안목의 정욕이지요.

"나한테 절하면 천하 만국의 권세를 주겠다."

이생의 자랑입니다.

세 가지 중에 그 사람의 약점으로 파고드는 겁니다. 그러니까 거기에 대해서 우리가 영적 준비가 되어 있어야 합니다. 천국 갈 때까지 그런 일에 넘어지지 않고 깨끗하게 편안하게 살다가 천국 가는 것이 승리입니다.

> 이는 세상에 있는 모든 것이 육신의 정욕과 안목의 정욕과 이생의 자랑이니 다 아버지께로부터 온 것이 아니요 세상으로부터 온 것이라 이 세상도, 그 정욕도 지나가되 오직 하나님의 뜻을 행하는 자는 영원히 거하느니라(요한1서 2장 16~17절)

육신의 정욕도, 안목의 정력도, 이생의 자랑도, 세상 것은 다 지나가는데 지나가지 않는 것 세 가지가 있습니다.

첫째로 하나님이 영원하시고 둘째로 하나님의 말씀이 영원하고 셋째로 영원하신 하나님의 생명의 말씀을 지키고 사는 성도들이 영원합니다. 그것 붙들고 우리가 세상에 속하지만 세상에 빠지지 말고 즐겁게 나가야 됩니다.

요한1서의 주제가 말씀, 생명, 사랑 3가지입니다. 말씀을 중심으로 생명 있는 예배를 드리고 주님을 구주로 믿는 신앙고백 안에서 성도들이 사랑으로 사귀는 것입니다.

> 사랑하는 자들아 우리가 서로 사랑하자 사랑은 하나님께 속한 것이니 사랑하는 자마다 하나님으로부터 나서 하나님을 알고 사랑하지 아니하는 자는 하나님을 알지 못하나니 이는 하나님은 사랑이심이라(요한1서 4장 7~8절)

믿음으로 구원받아서 사랑으로 실천하는 겁니다. 그러니까 사랑의 실천이 없으면 믿음이 엉터리라는 것입니다. 다시 말씀드리지만, 요한1서는 이미 예수를 믿는 사람들이 이렇게 살아야 한다고 쓰여졌습니다.

> 내가 하나님의 아들의 이름을 믿는 너희에게 이것을 쓰는 것은 너희로 하여금 너희에게 영생이 있음을 알게 하려 함이라 (요한1서 5장 13절)

예수님을 믿는 성도는 영생이 이미 있습니다. 영생의 생명을 누리다가 천국으로 옮겨가는 것입니다. 이런 말씀 속에 우리 영혼이 뜨거워지고 새로워지고 감격이 넘쳐야 합니다.
우리 신앙생활이 무엇입니까? 생명의 말씀으로 거듭나서 하늘의 자녀가 된 성도들이 교제하면서, 중심에 예수님 모시고 기쁨 충만하여 세상에 나가서 눈물 닦아주고, 상처받은 영혼을 위로하고 서로 기대고 사는 것이 신앙생활입니다.

요한계시록은 성경의 마지막 책입니다. 장로 요한이 패트모스 섬에서 유배 생활을 하는 동안에 기도 중에 받은 계시를 적은 글입니다. 요한계시록은 이렇게 시작됩니다.

> 예수 그리스도의 계시라 이는 하나님이 그에게 주사 반드시 속히 일어날 일들을 그 종들에게 보이시려고 그의 천사를 그 종 요한에게 보내어 알게 하신 것이라(요한계시록 1장 1절)

계시란 단어는 헬라어로 Apocaliptus인데 감추인 것을 드러낸다는 뜻의 단어입니다. 요한계시록의 주제는 분명하고 간결합니다.

"죽었다가 다시 살아나신 어린 양 예수 그리스도"

그리고 어린 양 예수 그리스도는 최후의 승리자이심을 일러 주는 내용이 요한계시록의 핵심입니다. 요한계시록은 어려운 책이라 하여 사람들이 가까이하지 못하는 책입니다. 그러나 실상은 그렇게 어려운 책이 아닙니다. 어렵다고 느껴지는 것은 내용이 비유와 은유와 메타포가 많기 때문입니다.

저자인 장로 요한이 그렇게 많은 비유와 은유로 이 글을 쓴 이유가 있습니다. 그가 패트모스 섬에 유배 생활을 하면서 아세아 지방의 일곱 교회에 보낸 편지이기 때문입니다.

지금도 그러하지만, 유배 생활을 하는 죄수들은 편지를 보낼 때에 교도관의 검열을 받게 됩니다. 검열하는 교도관이 그 내용에 불손하다고 느껴지는 부분이 있으면 통과시키지 않습니다. 그러니 검열받을 적에 무난하다고 여겨지는 내용으로 쓸 수밖에 없습니다. 그래서 하고 싶은 말을 직설적으로 표현하지 못하고 비유와 은유로 표현하게 되었습니다. 그런 배경을 이해하고 그런 표현들이 담고 있는 배경을 이해하고 읽으면 어려운 내용이 아니라 깊이 있고 흥미진진한 책으로 여겨지게 됩니다.

1장 3절이 요한계시록을 이해함에 중요한 부분입니다.

이 예언의 말씀을 읽는 자와 듣는 자와 그 가운데에 기록한 것을 지키는 자는 복이 있나니 때가 가까움이라
(요한계시록 1장 3절)

위의 말씀에서 '듣는 자'란 말에 의미가 있습니다. 장로 요한이 패트모스 섬에서 유배 생활을 하는 동안에 아세아 지방의 일곱 교회들을 향하여 보낸 편지인 요한계시록은 그 독자들이 당대의 서민들이었습니다. 노예들도 많았고 노동자들, 부녀들이 많았습니다. 그들은

장로 요한이 쓴 헬라어를 모르는 신분의 사람들이었습니다. 그들은 헬라어로 쓰인 서신을 읽을 수 없었습니다.

요한계시록이 22장으로 되어 있는데 낭독용으로 쓰여 각 장마다 길이가 비슷합니다. 일곱 교회의 신도들은 아마 하루 일과를 마친 후에 해거름에 교회에 모여 마당에 화톳불을 피우고는 그 주위에 둘러앉아 헬라어를 잘 아는 분이 읽는 내용을 열심히 들었을 것입니다. 그들은 팔짱을 낀 채, 눈을 지그시 감은 채로 아멘, 아멘 하며 들었을 것입니다. 그래서 이 글을 읽는 자와 듣는 자와 지키는 자는 복이 있다고 하였습니다.

> 주의 날에 내가 성령에 감동되어 내 뒤에서 나는 나팔 소리 같은 큰 음성을 들으니 이르되 네가 보는 것을 두루마리에 써서 에베소, 서머나, 버가모, 두아디라, 사데, 빌라델비아, 라오디게아 등 일곱 교회에 보내라 하시기로(요한계시록 1장 10~11절)

일곱 교회에 대한 3가지 해석이 있습니다.

첫째 해석은 가장 단순합니다. 그냥 장로 요한이 언급한 일곱 교회에 보내는 편지란 것입니다. 그 당시에 세워졌던 일곱 교회에 한하여 준 서신이란 것입니다.

두 번째 해석은 일곱 교회는 하나의 기준이고 그 후로 오고 오는 세대에 있게 될 모든 교회를 대상으로 준 메시지란 해석입니다. 지난 2천 년 교회사에 등장한 모든 교회는 그 내용상 요한계시록 2장과 3

장에 기록된 일곱 교회 중의 한 교회와 닮은 교회란 해석입니다.

세 번째 해석은 좀 복잡하고 이색적인 해석입니다. 소위 세대 주의적 해석이라 일컬어지는바 에베소 교회로부터 라오디게아 교회에 이르는 일곱 교회는 단순한 교회가 아니라 각 교회가 한 시대를 대표하는 상징적인 의미가 있다는 해석입니다. 예를 들어 에베소 교회는 온갖 박해를 견디며 성장하여 나간 초대교회 시대입니다.

마지막 교회인 라오디게아 교회는 예수님이 재림하시기 직전 병들고 잠자는 교회를 일컫는다는 해석입니다. 이 해석은 무리한 해석이기에 지금은 잘 받아들여지지 않고 있습니다.

우리들이 요한계시록을 읽으며 2장과 3장에 등장하는 일곱 교회에 대한 말씀을 읽고, 장로 요한이 이 서신을 쓰던 당시에 있었던 일곱 교회에 한정된 메시지가 아니고 모든 세대에 등장하는 교회 전체에 주는 살아 있는 메시지로 받아들여서 은혜받아야 합니다.

요한게시록 2장과 3장에 일곱 교회에 대하여 한 교회, 한 교회를 지정하여 말씀을 주셨습니다. 에베소 교회부터 시작된 이 말씀에는 칭찬과 책망이 기록되어 있습니다. 그러나 2 교회는 책망만 있고 2 교회는 칭찬만 있습니다. 그런 중에서도 일곱 교회 모두에 공통으로 일러 준 말이 있습니다.

이기는 자란 말입니다. 마지막까지 이기는 교회들은 천국 안식을 누리게 된다고 하였습니다.

내가 네 행위와 수고와 네 인내를 알고 또 악한 자들을 용납하지 아니한 것과 자칭 사도라 하되 아닌 자들을 시험하여 그의 거짓된 것을 네가 드러낸 것과 또 네가 참고 내 이름을 위하여 견디고 게으르지 아니한 것을 아노라 그러나 너를 책망할 것이 있나니 너의 처음 사랑을 버렸느니라 그러므로 어디서 떨어졌는지를 생각하고 회개하여 처음 행위를 가지라 만일 그리하지 아니하고 회개하지 아니하면 내가 네게 가서 네 촛대를 그 자리에서 옮기리라(요한계시록 2장 2~5절)

<u>에베소 교회</u>에 대한 칭찬과 책망입니다. 나는 에베소 교회에 대한 이 부분을 읽을 적마다 나 자신을 생각하고 엄숙하게 받아들입니다. 처음 사랑을 버린 일을 회개하지 아니하면 촛대를 네게서 옮기시겠다는 말씀이 얼마나 심각한 말씀입니까? 오늘 나에게 성령께서 책망하시는 말씀이라 여겨져 옷깃을 여미게 됩니다. 그리고 마지막으로 일곱 교회 모두에게 따르는 말씀을 일러 주십니다.

귀 있는 자는 성령이 교회들에게 하시는 말씀을 들을지어다 이기는 그에게는 내가 하나님의 낙원에 있는 생명나무의 열매를 주어 먹게 하리라(요한계시록 2장 7절)

영혼의 순례길에서 마지막까지 변절하지 아니하고 이기는 자들에게 주시는 최고의 약속입니다. 이 약속은 우리 모두에게도 주시는 약속이기도 합니다.

서머나 교회는 첫 번째 교회인 에베소 교회에서 56km 떨어진 항구 도시였습니다. 지금은 터키의 제2의 도시가 되어 있습니다. 서머나 교회는 빌라델비아 교회처럼 칭찬만 있고 책망이 없는 교회입니다.

> 내가 네 환난과 궁핍을 알거니와 실상은 네가 부요한 자니라 자칭 유대인이라 하는 자들의 비방도 알거니와 실상은 유대인이 아니요 사탄의 회당이라 너는 장차 받을 고난을 두려워하지 말라 볼지어다 마귀가 장차 너희 가운데에서 몇 사람을 옥에 던져 시험을 받게 하리니 너희가 십 일 동안 환난을 받으리라 네가 죽도록 충성하라 그리하면 내가 생명의 관을 네게 주리라(요한계시록 2장 9~10절)

그 시대는 로마 황제를 태양신의 아들이라 하여 섬기던 시대였습니다. 그런 시대에 그리스천들은 로마 황제를 숭배하지 아니하고 여호와 하나님을 따로 섬겼기에 모진 핍박의 대상이었습니다. 예수 믿는 것이 확인되면 모든 재산을 몰수하였습니다. 그러니 궁핍하기가 이루 말할 수 없었습니다. 그런 서머나 교인들을 향하여 성령께서는 실상은 너희가 부요한 자들이라 칭찬하였습니다.

그리고 장차 다가올 핍박을 두려워하지 말라 이르시며 그 핍박이 무한정 계속되는 핍박이 아니라 10일간이란 기한부로 가해지는 핍박이라 일러 주었습니다. 10일이란 기간 동안 옥에 갇혀 시험을 받게 될 것이다. 그러나 죽기까지 충성하라. 그렇게 충성하면 생명의 관을 주시겠다고 약속하였습니다. 그리고 〈이기는 자〉는 둘째 사망의 해를 받지 아니하고 영생을 누릴 것을 일러 주었습니다.

버가모 교회에 보낸 편지는 지나친 관용으로 인해 책망을 받고 있습니다. 그러므로 회개하라는 경고를 받습니다. 그들은 핍박은 이겼는데 유혹을 물리치지 못하였습니다. 오늘 우리에게 여전히 다가오는 유혹입니다. 버가모 시는 정치적으로 그 지역의 중심이 되는 도시였습니다. 소아시아 지역의 행정 수도였습니다. 버가모 시에는 720m나 되는 산 위에 온갖 신전들이 줄지어 있는 도시였습니다. 그래서 장로 요한은 버가모 시를 일컬어 〈사단의 보좌가 있는 곳〉이라 하였습니다.

버가모 시가 특이한 것은 뱀을 신으로 모신 점입니다. 뱀이 세상에 나타난 신이라 믿었습니다. 그리고 버가모 시는 행정 수도였기에 황제 숭배의 본산이었습니다. 버가모에 보낸 편지에서는 예수님을 '좌우에 날선 검을 가지신 이'라고 하였습니다.

> 네가 어디에 사는지를 내가 아노니 거기는 사탄의 권좌가 있는 데라 네가 내 이름을 굳게 잡아서 내 충성된 증인 안디바가 너희 가운데 곧 사탄이 사는 곳에서 죽임을 당할 때에도 나를 믿는 믿음을 저버리지 아니하였도다 그러나 네게 두어 가지 책망할 것이 있나니 거기 네게 발람의 교훈을 지키는 자들이 있도다 발람이 발락을 가르쳐 이스라엘 자손 앞에 걸림돌

을 놓아 우상의 제물을 먹게 하였고 또 행음하게 하였느니라
이와 같이 네게도 니골라 당의 교훈을 지키는 자들이 있도다
(요한계시록 2장 13~15절)

발람은 당대에 유명한 선지자였지만 재물의 유혹에 넘어가 하나님의 백성들을 저주한 사람이었습니다. 그리고 니골라 당은 물질을 숭상하는 사람들입니다. 하나님의 자리에 물질을 놓아 우상 숭배로 흐르게 하는 무리들입니다.

성령께서 버가모 교회 성도들에게 책망하시면서 말씀하십니다.

그러므로 회개하라 그리하지 아니하면 내가 네게 속히 가서 내 입의 검으로 그들과 싸우리라 귀 있는 자는 성령이 교회들에게 하시는 말씀을 들을지어다 이기는 그에게는 내가 감추었던 만나를 주고 또 흰 돌을 줄 터인데 그 돌 위에 새 이름을 기록한 것이 있나니 받는 자 밖에는 그 이름을 알 사람이 없느니라(요한계시록 2장 16~17절)

버가모 교회가 있는 버가모 시는 로마 황제를 섬기는 신전이 있었고 온갖 신들을 섬기는 제단이 있는 도시였습니다. 우상에게 바쳤던 음식을 거부한 성도들에게는 하늘 만나가 약속되고 있었습니다. 주님으로부터 감추인 만나를 받아 누리게 될 것이란 약속이 있습니다.

감추인 만나는 승리한 성도들이 먹을 하늘 양식입니다. 감추인 만

나가 상징하는 바는 바로 생명의 떡이신 주님을 가리킵니다. 세상에서 승리한 성도들의 상급은 바로 예수 그리스도 자신입니다.

그리고 이기는 자에게는 흰 돌이 약속되고 있습니다. 고대 세계에서는 흰 돌은 인정과 받아들임의 표시였고 검은 돌은 거절과 쫓겨남의 표시였습니다. 사람이 살아가는 중에 남에게 인정받는 것이 얼마나 중요한 일이겠습니까? 버가모 교회 성도들은 하나님을 섬긴 일로 우상의 도시인 버가모 시민들로부터 인정을 받지 못하였습니다.

그러나 예수님은 그들을 인정하시고 받아들여 주신다는 뜻에서 흰 돌을 주신다고 하셨습니다. 흰 돌을 받는 자들은 하나님의 존귀한 백성들입니다. 주님이 그 이름을 새겨 주실 것입니다. 우상의 유혹을 거부한 성도들에게는 하나님이 감추인 만나로 먹이시고 흰 돌로 그 신분을 보장하십니다.

<u>두아디라 교회</u>는 칭찬과 책망이 반반인 교회입니다. 2장 19절에서 다음 같이 칭찬합니다.

> 내가 네 사업과 사랑과 믿음과 섬김과 인내를 아노니 네 나중 행위가 처음 것보다 많도다(요한계시록 2장 19절)

나는 이 말씀을 읽을 때면 위로를 받습니다. 나중 형편이 처음보다 좋아졌다는 부분을 읽으면 나 자신의 삶을 생각합니다. 지난 세월을 돌아보면 젊은 시절에는 방황도 많았고 시행착오도 많았습니다. 그러나 나이 들어가면서 자신을 살피게 되고 젊었을 때의 삶을 생각하며 이제는 나이도 들어가니 좋아져야지 하는 마음이 들어가면서 보다 더 좋아지려고 노력하고 있기에 위로가 됩니다. 그러나 두아디라 교회에 대하여 다음 같이 책망합니다.

> 그러나 네게 책망할 일이 있노라 자칭 선지자라 하는 여자 이세벨을 네가 용납함이니 그가 내 종들을 가르쳐 꾀어 행음하게 하고 우상의 제물을 먹게 하는도다(요한계시록 2장 20절)

이세벨은 구약시대 아합왕의 아내였는데 바알 신앙을 지닌 여인으로 당대에 이스라엘 백성들을 타락으로 이끌었던 악녀입니다. 그녀의 악행으로 백성들이 음행과 우상 숭배에 물들게 되었습니다. 두아디라 교회가 그런 악에 대하여 단호하게 배격하지 못하였기에 신도들 사이에 그런 풍조가 스며들게 되었습니다.

그리고 이어서 일러 줍니다. 회개하지 않으면 큰 환난에 던지겠다 하였습니다. 그러면서 "너희에게 있는 것을 굳게 잡으라"고 권면합니다. 그리고 마지막에 일러 주기를 "이기는 자에게는 만국을 다스리는 권세를 주리라" 하며 "새벽 별을 주리라"고 말씀하셨습니다.

사데 교회는 라오디게아 교회와 같이 칭찬은 없고 책망만 있는 교회입니다. 사데 교회에 보낸 요한 장로의 편지는 예수 그리스도의 모습을 "하나님의 일곱 영과 일곱 별을 가지신 이가 이르시되"로 표현

합니다. 그리고 곧바로 책망으로 들어가 다음 같이 책망합니다.

> 사데 교회의 사자에게 편지하라 하나님의 일곱 영과 일곱 별을 가지신 이가 이르시되 내가 네 행위를 아노니 네가 살았다 하는 이름은 가졌으나 죽은 자로다 너는 일깨어 그 남은 바 죽게 된 것을 굳건하게 하라 내 하나님 앞에 네 행위의 온전한 것을 찾지 못하였노니(요한계시록 3장 1~2절)

이 말씀을 읽을 때면 2천여 년 전에 사데 교회에 이르신 말씀이지만 지금 한국교회의 처지를 생각케 됩니다. 건물도 좋고 장식도 좋고 주차장에 교육관까지 모두 갖추었으되 그런 외형만 갖추었고 내면의 영적 상태는 죽은 교회인 한국교회를 생각하게 됩니다. 그래서 그 다음의 말씀을 아멘으로 받아들이게 됩니다.

> 그러므로 네가 어떻게 받았으며 어떻게 들었는지 생각하고 지켜 회개하라 만일 일깨지 아니하면 내가 도둑 같이 이르리니 어느 때에 네게 이를는지 네가 알지 못하리라(요한계시록 3장 3절)

이 말씀은 위로가 되는 말씀입니다. 다시 기회를 주시기 때문입니다. 다른 기회가 아니라 회개하여 새 출발할 기회입니다. 그렇습니다. 우리 모두가 회개하여 다시 시작하면 됩니다.

그런 중에서도 사데 교회에 아름다운 한 부분이 있습니다. 영적으로 자신을 더럽히지 아니한 성도 몇이 있었습니다. 하나님 앞에서 합당한 자들이 몇이 있었습니다. 다른 교회들과 마찬가지로 사데 교회에게도 희망을 주는 결론이 있습니다.

> 이기는 자는 이와 같이 흰옷을 입을 것이요 내가 그 이름을 생명책에서 결코 지우지 아니하고 그 이름을 내 아버지 앞과 그의 천사들 앞에서 시인하리라(요한계시록 3장 5절)

빌라델비아 교회는 칭찬만 있고 책망이 없는 교회입니다. 빌라델비아 교회를 다음과 같이 칭찬합니다.

> 볼지어다 내가 네 앞에 열린 문을 두었으되 능히 닫을 사람이 없으리라 내가 네 행위를 아노니 네가 작은 능력을 가지고서도 내 말을 지키며 내 이름을 배반하지 아니하였도다...
> 네가 나의 인내의 말씀을 지켰은즉 내가 또한 너를 지켜 시험의 때를 면하게 하리니 이는 장차 온 세상에 임하여 땅에 거하는 자들을 시험할 때라(요한계시록 3장 8, 10절)

이어서 빌라델비아 교회를 향하여 다음과 같이 권면합니다.

> 내가 속히 오리니 네가 가진 것을 굳게 잡아 아무도 네 면류관을 빼앗지 못하게 하라(요한계시록 3장 11절)

이런 말씀을 읽노라면 한국교회를 생각하게 됩니다. 지난 100년 역사에 한국교회는 세계에 자랑할 만한 업적을 쌓았습니다. 약속된 면류관을 지니게 되었습니다. 이제 와서 한국교회가 게을러져서 그 면류관을 빼앗겨서는 안 되겠습니다.

빌라델비아 교회에 대한 말씀의 마지막으로 다른 교회들에게 일러준 말씀과 같이 〈이기는 자〉에게 주시는 약속의 말씀으로 마무리됩니다.

> 이기는 자는 내 하나님 성전에 기둥이 되게 하리니 그가 결코 다시 나가지 아니하리라 내가 하나님의 이름과 하나님의 성 곧 하늘에서 내 하나님께로부터 내려오는 새 예루살렘의 이름과 나의 새 이름을 그이 위에 기록하리라(요한계시록 3장 12절)

이 말씀을 마음에 새기면서 우리 한국교회가 다짐하여야 할 사명이 있습니다. 다름 아니라 세계교회의 기둥이 되겠다는 다짐입니다.

<u>라오디게아 교회</u>는 칭찬이 없고 책망만 있는 교회입니다.

> 내가 네 행위를 아노니 네가 차지도 아니하고 뜨겁지도 아니하도다 네가 차든지 뜨겁든지 하기를 원하노라(요한계시록 3장 15절)

이런 책망에 이어 정신이 번쩍 들게 하는 말씀을 하십니다.

네가 이같이 미지근하여 뜨겁지도 아니하고 차지도 아니하니
내 입에서 너를 토하여 버리리라(요한계시록 3장 16절)

그래서 라오디게아의 모습을 현대 교회의 모습과 흡사하다고 말합니다. 오늘날의 교회들이 바로 라오디게아 교회와 같이 뜨겁지도 아니하고 차지도 아니하여 영적 활력을 잃고 교회 안에서 우리들끼리 잠들어 있는 교회입니다. 라오디게아의 그런 모습에 대하여 장로 요한은 좀 더 실감 나게 꾸짖습니다.

네가 말하기를 나는 부자라 부요하여 부족한 것이 없다 하나
네 곤고한 것과 가련한 것과 가난한 것과 눈 먼 것과 벌거벗은
것을 알지 못하는도다(요한계시록 3장 17절)

우리는 라오디게아 교회에 대한 이런 책망의 말씀을 읽으며 우리 자신의 모습을 돌이켜 반성하게 됩니다. 책망 받는 라오디게아 교회의 모습이 바로 오늘 우리들의 모습을 살펴보게 하는 살아 있는 말씀임을 깨닫게 됩니다. 이런 책망에 이어 라오디게아 교회에 보내는 권면의 말씀이 이어집니다.

내가 너를 권하노니 내게서 불로 연단한 금을 사서 부요하게

하고 흰옷을 사서 입어 벌거벗은 수치를 보이지 않게 하고 안약을 사서 눈에 발라 보게 하라(요한계시록 3장 18절)

라오디게아 교회의 모습을 접할 때 그들이 복을 많이 받아 축복의 자리에 있게 되었음을 짐작하게 됩니다. 그러나 그 축복이 자신들도 모르는 사이에 안일함과 영적인 게으름에 젖어 들게 하였습니다. 그럼에도 하나님께서는 라오디게아 교회를 버리지 아니하시고 다시 기회를 주십니다. 바로 회개할 기회입니다.

무릇 내가 사랑하는 자를 책망하여 징계하노니 그러므로 네가 열심을 내라 회개하라(요한계시록 3장 19절)

우리에게도 기회가 주어집니다. 열심을 내어 회개하고 새 출발할 수 있는 기회입니다.

요한계시록 2장과 3장에서 아시아의 일곱 교회에 대한 말씀이 끝나고 4장에 들어가면서 하늘에 열린 문이 나타나고 열린 문 위에 하늘에 있는 보좌 이야기가 나옵니다. 요한계시록에는 두 보좌가 있습니다. 지상의 보좌와 하늘의 보좌입니다. 지상의 보좌는 로마 황제가 앉는 보좌입니다. 하늘의 보좌는 여호와 하나님께서 앉으시는 보좌입니다.

하늘 문이 열리고 하늘로부터 음성이 들리면서 "이리로 올라오라

이후에 마땅히 일어날 일들을 내가 네게 보이리라"고 하였습니다. 그리고 하늘의 보좌가 등장합니다. 그 보좌에 둘려 이십사 보좌가 있고 그 보좌에 흰옷을 입은 이십사 장로들이 앉아 있습니다. 이들 이십사 장로들은 구약의 12지파와 신약의 12제자들이 앉는 보좌입니다.

그리고 보좌 주위에 네 생물이 있는데 앞뒤에 눈들이 가득하다 합니다. 눈들이 가득하다는 표현은 천상천하에 모든 것을 보실 수 있는 하나님의 눈을 뜻합니다. 그들 4 생물은 첫째가 사자 같고 둘째는 송아지 같고 셋째 생물은 얼굴이 사람 같고 넷째 생물은 독수리 같은 모양이었습니다. 이들 4 생물을 신약성경의 4 복음서에 적용하여 해석합니다.

요한계시록 5장이 시작되면서 보좌에 앉으신 하나님의 오른손에 있는 두루마리 이야기가 시작됩니다. 그 두루마리는 안팎으로 글이 쓰인 두루마리입니다. 그리고 일곱 인으로 봉하여졌습니다.

장로 요한은 그 두루마리에 적힌 글을 보고 싶음이 간절하였습니다. 너무나 간절하여 크게 울었습니다. 그러나 천상천하에 그 두루마리를 떼고 일곱 인을 뗄 수 있는 분이 도무지 없었습니다.

답답하고 안타까워 울고 있는 장로 요한에게 24장로 중의 한 사람이 다음같이 일러 주었습니다.

장로 중의 한 사람이 내게 말하되 울지 말라 유대 지파의 사자 다윗의 뿌리가 이겼으니 그 두루마리와 그 일곱 인을 떼시

리라 하더라(요한계시록 5장 5절)

그 말을 듣고 장로 요한이 본즉 보좌와 네 생물과 24 장로들 사이에 한 어린 양이 서 있었습니다. 그 어린 양은 일찍이 죽임을 당한 어린 양이었습니다. 일찍이 죽임을 당한 어린 양은 바로 부활하신 어린 양 예수 그리스도였습니다. 이 어린 양에게는 일곱 뿔과 일곱 눈이 있었습니다. 성경에서 뿔은 영적 권세, 곧 영권(靈權)을 뜻하기에 일곱 뿔이란 엄청난 영권을 뜻하고 일곱 눈은 보지 못하는 것이 없으신 하나님의 능력을 뜻합니다.

요한계시록 5장의 말씀을 묵상하노라면 마치 영화의 장면처럼 어린 양 그리스도 앞에 엎드려 경배하고 찬양하는 모습이 그려집니다.

7장에서 구원받는 성도들의 숫자인 144,000이 등장하기에 요한계시록 전체에서도 중요한 내용입니다. 7장이 시작되면서 네 천사가 땅 네 모퉁이에 서서 사방의 바람을 불러일으켜 진노를 일으키려는 것을 막으려 하였습니다. 또 다른 천사가 살아 계신 하나님의 인으로 큰 소리로 외쳤습니다.

이르되 우리가 우리 하나님의 종들의 이마에 인치기까지 땅이나 바다나 나무들을 해하지 말라 하더라 내가 인침을 받은 자의 수를 들으니 이스라엘 자손의 각 지파 중에서 인침을 받은 자들이 십사만 사천이니(요한계시록 7장 3~4절)

여기서 인침을 받는다는 말은 진노의 날에 재난을 받는 데서 벗어나 구원받는 성도들을 일컫습니다. 이들은 머리에 인침을 받고 재난에서 보호받는 사람들입니다. 이마에 도장을 받지 못한 사람들은 환난을 당하게 됩니다. 그런데 여기에 나오는 144,000명에 대하여 논란이 많았습니다. 숱한 오해가 있어 왔습니다.

이 말씀에서 〈이스라엘 사람들 중에서〉라고 분명히 일러 줍니다. 성경에서는 그 144,000명의 이마에 인침을 받은 사람들이 이스라엘 백성들 중에서 각 지파에 12,000명씩입니다. 그런데 12지파이기에 12,000명 곱하기 12지파이기에 144,000이 됩니다. 그런데 구원받는 백성 전체가 144,000명이어서 그 숫자만 천국으로 들어간다고 순진한 영혼들을 그릇된 길로 이끄는 이들이 있습니다.

7장의 9절부터에서 각 나라와 족속들 중에 셀 수 없는 큰 무리라 하였습니다. 4절의 이스라엘 지파의 144,000명만이 아니라 각 나라와 족속 중에 셀 수 없는 큰 무리, 그 숱한 무리가 흰옷을 입고 손에 종려 가지를 들고 보좌 앞에서와 어린 양 앞에 서서 큰 소리로 외쳤습니다.

> 큰 소리로 외쳐 이르되 구원하심이 보좌에 앉으신 우리 하나님과 어린 양에게 있도다 하니(요한계시록 7장 10절)

요한계시록 7장에서 계시록을 쓴 장로 요한은 천국에서 셀 수 없는 큰 무리가 흰옷을 입고 손에 종려 가지를 들고 하나님의 보좌 앞과 어린 양 앞에서 하나님께 경배하며 찬양하는 모습을 보았습니다. 그들은 다음 같이 찬양하였습니다.

> 이르되 아멘 찬송과 영광과 지혜와 감사와 존귀와 권능과 힘이 우리 하나님께 세세토록 있을지어다 아멘 하더라
> (요한계시록 7장 12절)

이 말씀에서 하나님을 찬양하는 말이 7가지입니다. 성경에서는 7이란 숫자를 강조합니다. 7을 완전 숫자로 높이는 수이기 때문입니다. 7은 3과 4가 합하여진 수입니다. 3은 성부, 성자, 성령, 하늘의 수입니다. 4는 동서남북 땅의 수입니다. 하늘의 수 3과 땅의 수 4가 합하여진 7은 완전 수가 됩니다. 하늘의 수 3과 땅의 수 4가 곱하여지면 12가 됩니다.

그래서 7과 12가 중요하게 사용됩니다. 일곱 교회, 일곱 천사, 일곱 나팔, 일곱 인 등으로 등장합니다. 12 역시 중요한 수여서 12 아들, 12 지파, 12 제자, 12 문 등으로 사용됩니다. 반면에 완전 수인 7에서 하나를 빼면 6이 됩니다. 완전에서 약간 부족한 수이기에 사탄의 수가 됩니다. 그래서 6 셋을 합한 수인 666이 적그리스도 사탄의 머리를 일컫습니다.

요한계시록에서는 흰옷 입은 사람들에 관한 기록이 여러 번 등장합니다. 요한계시록에서 흰옷은 천국의 유니폼과 같습니다. 하늘에

있는 보좌에 계신 하나님 앞에 24 보좌가 있어 그들 보좌에는 24 장로들이 앉아 있습니다. 이들 24 장로는 구약의 12 지파, 신약의 12 제자를 일컫고 오고 오는 세대에 구원받는, 모든 구원받는 성도들을 대표합니다.

천국에서 흰옷 입고 하나님을 찬양하는 무리들에 대하여 7장에서 다음 같은 대화가 나옵니다.

> 장로 중 하나가 응답하여 나에게 이르되 이 흰옷 입은 자들이 누구며 또 어디서 왔느냐 내가 말하기를 내 주여 당신이 아시나이다 하니 그가 나에게 이르되 이는 큰 환난에서 나오는 자들인데 어린 양의 피에 그 옷을 씻어 희게 하였느니라(요한계시록 7장 13~14절)

이때의 옷은 영혼의 옷이겠습니다. 고단한 세상살이에서 때 묻고 찢기고 더러워진 영혼의 옷을 십자가에 죽으신 예수 그리스도께서 자신이 만인을 위하여 흘리신 피로, 그렇게 때 묻고 상처받은 영혼들을 말끔히 씻어 주셨습니다. 그래서 흰옷입니다. 우리 모두가 어느 땐가는 천국으로 옮겨가서 흰옷을 입고 하나님과 어린 양 예수님을 찬양하는 날이 올 것입니다.

하나님의 보좌 앞에서 흰옷을 입고 밤낮으로 하나님을 섬기게 될 때 하나님께서 우리들 위에 장막을 치신다고 하셨습니다. 그리고 7

장 16절에서 다음 같이 위로와 축복의 말씀을 일러 주십니다.

> 그들이 다시는 주리지도 아니하며 목마르지도 아니하고 해나
> 아무 뜨거운 기운에 상하지도 아니하리니
> (요한계시록 7장 16절)

요한계시록 8장에 나팔을 든 일곱 천사가 등장합니다. 그리고 다른 한 천사가 금향로를 들고 성도들의 기도를 향로에 담았습니다. 그 향로에 담긴 성도들의 기도는 하나님이 계시는 보좌 앞에 있는 금 제단에 드리는 것이었습니다.

요한계시록 8장 첫 부분의 이 말씀에서 중요한 것은 성도들의 기도가 하늘로 올라가 금향로에 담겨 하나님께 드려지자 큰 역사가 일어나게 된 점입니다. 우리는 새벽 제단에서나 골방에서나 또는 일터에서 조용히 기도드릴 때 아무런 응답이 없는 자기 혼자만의 기도로 여겨질 때가 있습니다. 그러나 그 기도들이 하늘로 올라가 천사가 들고 있는 금향로에 담겨 하나님의 보좌에 올려지게 됩니다.

> 또 다른 천사가 와서 제단 곁에 서서 금 향로를 가지고 많은 향을 받았으니 이는 모든 성도의 기도와 합하여 보좌 앞 금 제단에 드리고자 함이라 향연이 성도의 기도와 함께 천사의 손으로부터 하나님 앞으로 올라가는지라 천사가 향로를 가지고 제단의 불을 담아다가 땅에 쏟으매 우레와 음성과 번개와 지

진이 나더라(요한계시록 8장 3~5절)

그러기에 우리는 자신의 기도가 응답되지 않는 것으로 여기지 말고 꾸준히, 조용히, 그리고 끈기 있게 기도 생활을 이어가야 합니다. 내가 지금 드리는 기도가 향연이 되어 하늘 보좌로 올라간다는 확신을 품고 기도드릴 것입니다. 마태복음 18장에서 예수께서 일러 주셨습니다.

> 진실로 다시 너희에게 이르노니 너희 중의 두 사람이 땅에서 합심하여 무엇이든지 구하면 하늘에 계신 내 아버지께서 그들을 위하여 이루게 하시리라(마태복음 18장 19절)

그리고 요한복음 14장에서 우리들의 기도가 응답받음으로 하나님께 영광을 돌린다 하였습니다.

> 너희가 내 이름으로 무엇을 구하든지 내가 행하리니 이는 아버지로 하여금 아들로 말미암아 영광을 받으시게 하려 함이라 (요한복음 14장 13절)

성경에서 이단, 사이비를 제일 많이 낳은 성경이 다니엘서와 요한계시록입니다. 다니엘서와 요한계시록에 비유 Metaphor가 많기 때문입니다. 알려 주고 싶은 것을 그대로 말하면 검열에 통과가 안 되기 때문에 은유나 비유로 써서 보내게 됩니다.

초대교회 때에 교회를 박해하던 네로 황제에 대해 쓰면 편지가 보내지지 않지요. 그런데 네로 황제를 숫자로 표시하면 666이 됩니다. 그러니까 네로 황제가 큰 재난을 당한다고 쓰지 않고 666이 큰 패배를 당한다고 씁니다. 그 배경을 알지 못하고 666을 읽으면 심지어 뭐 로마 교황이 666이고 적 그리스도다 하는 식으로 나가게 됩니다.

전에 화곡동에서 중곡동까지 운행하는 버스 번호가 666이었습니다. 요한계시록을 잘못 배운 교인이 화곡동을 가려고 버스를 타고 보니 번호가 666 인걸 보고 깜짝 놀라서 사거리에서 운전 기사에게 차 세우라고 소리를 질렀습니다. 운전 기사가 큰일 난 줄 알고 사거리 복판에서 차를 세웠습니다. 그러니까 그 교인이 666이 사탄의 숫자라고 내려버린 겁니다. 666은 노선버스이지 딴것이 아니잖아요. 그래서 요한계시록을 해석하는 게 중요합니다.

장로교 원조 격이 되는 분이 존 칼빈인데 프랑스 발음으로 장 칼뱅이라 합니다. 칼빈이 스위스 제네바에서 제네바를 거룩한 도시로 만드는 운동을 했는데 창세기부터 쭉 이렇게 성경을 공부했습니다. 그런데 마지막에 요한계시록은 공부를 안 했습니다. 그래서 칼빈의 제자가 "스승님 왜 중요한 책, 요한 계시록은 공부하지 않으시고 글을 남기지 않습니까"라고 물었더니 칼빈 선생이 말하기를 요한계시록은 깊고 오묘한 뜻이 있어 내가 요한계시록에는 손을 대지 않는다는 말을 남겼습니다.

요즘 한국교회 목사님들이 겁이 없어서 30대 목사 초년생이 요한계시록 주석서를 냅니다. 내가 그런 걸 읽어 보고 이렇게 마구잡이로 풀면 어떡하냐고 걱정을 했습니다. 지난주에도 내가 내 방에 있는 요한계시록 주석을 읽다가 너무 황당하게 해석해서 휴지통에 책을 던져 버렸습니다.

요한계시록을 어려워서 무슨 말인지 모르겠다고 생각하지 말고, 장로 요한이 요한 계시록을 쓸 때의 상황, 그걸 읽는 사람들의 상식과 그 사람들의 수준에서 어떤 비유, 어떤 은유로 이런 말을 했는가 그걸 이해하고 읽으면 요한계시록이 깊이가 있고 지루하지 아니하고 흥미가 있는 책이 됩니다.

내가 천사에게 나아가 작은 두루마리를 달라 한즉 천사가 이르되 갖다 먹어 버리라 네 배에는 쓰나 네 입에는 꿀 같이 달리라 하거늘(요한계시록 10장 9절)

이 말씀이 참 중요합니다. 살아계신 하나님의 말씀을 듣고 먹을 때는 꿀같이 달고 오묘한 말씀입니다. 그러나 그 말씀대로 살아갈 때는 핍박과 고난 시련이 따르는 겁니다. 말씀을 받을 때는 참 오묘하고 감격스럽고 은혜로운 말씀인데 이 어려운 난세에 말씀대로 살려면 고난과 핍박이 있다는 것을 말해 줍니다.

요한계시록에서 복이 있다는 말이 일곱 번 나옵니다.
첫 번째가 1장 3절입니다.

> 이 예언의 말씀을 읽는 자와 듣는 자와 그 가운데에 기록한 것
> 을 지키는 자는 **복이 있나니** 때가 가까움이라

두 번째 복이 있다가 14장 13절입니다.

> 또 내가 들으니 하늘에서 음성이 나서 이르되 기록하라 지금
> 이후로 주 안에서 죽는 자들은 **복이 있도다** 하시매 성령이 이
> 르시되 그러하다 그들이 수고를 그치고 쉬리니 이는 그들의
> 행한 일이 따름이라 하시더라

죽는 자들이 다 복이 있는 게 아니고 환란에서 순교하고 신앙을 지키기 위해서 순교하는 사람이 복이 있습니다. 이 땅에 수고와 환란, 핍박이 다 끝나고 주님 나라에서 안식하는 것입니다.

세 번째가 16장 15절 말씀입니다.

> 보라 내가 도둑 같이 오리니 누구든지 깨어 자기 옷을 지켜 벌
> 거벗고 다니지 아니하며 자기의 부끄러움을 보이지 아니하는
> 자는 **복이 있도다**

특별히 요한계시록에 상징들이 많은데 그 시대 사람들은 서민들도 들으면 아멘 아멘하고 이해하는데 우리는 잘 이해가 안 가는 이유가 있습니다. 그 시대의 상황을 잘 모르고 더구나 구약의 전통을 모르면

어렵게 느껴집니다.

예수님의 재림이 언제일지 모르지만, 성경이 창조에서 시작해서 오시옵소서 마라나타로 끝나는데 그 마지막까지 견디는 자는 복이 있다는 말씀입니다.

네 번째가 19장 9절 말씀입니다.

> 천사가 내게 말하기를 기록하라 어린 양의 혼인 잔치에 청함을 받은 자들은 **복이 있도다** 하고 또 내게 말하되 이것은 하나님의 참되신 말씀이라 하기로

어린양 예수님의 혼인 잔치에서 예수님은 신랑이고 우린 신부입니다. 예수님은 신랑이고 교회는 신부입니다. 예수님은 신랑이고 택함 받은 우리는 신부입니다. 예수님이 신랑 되시는 잔치에 초청받은 자는 복이 있다고 하였습니다.

여러분이 어린 양의 혼인 잔치에 초청받은 걸 믿습니까? 아멘 해야 합니다. 긴가민가하면 안 됩니다. 확신해야 합니다.

다섯 번째 복이 있다가 20장 6절입니다.

> 이 첫째 부활에 참여하는 자들은 <u>복이 있고</u> 거룩하도다 둘째 사망이 그들을 다스리는 권세가 없고 도리어 그들이 하나님과 그리스도의 제사장이 되어 천 년 동안 그리스도와 더불어 왕

노릇 하리라

그래서 요한계시록은 축복의 책입니다. 어떤 사람에게 축복이냐? 말씀을 지키는 자, 순교하는 자, 마지막까지 이기는 자, 환란 핍박에 타협하지 않고, 굴하지 않고 끝까지 견디는 자입니다. 그리고 20장 6절 말씀의 첫째 부활에 참여하는 자들입니다.

예수님이 죽음에서 부활하셨지요. 그래서 우리도 따라서 부활한 겁니다. 부활 신앙입니다. 우리 신앙의 핵심이 5가지입니다. 이 다섯 가지가 항상 마음에 정리가 되어 있어야 합니다.

1. 창조 신앙
2. 임마누엘 신앙
3. 십자가 신앙
4. 부활 신앙
5. 재림 신앙

요한계시록 20장 6절에 그 유명한 천년왕국 얘기가 나옵니다. 이단들이 이 천년왕국을 이용하여 사람들을 유혹합니다. 그래서 바로 알아야 합니다. 천년왕국에 대해서 따로 한번 설교하겠습니다. 어린양 혼인 잔치에 참여 받은 우리들은 그걸 환상 중에 바라보고 기분이 좋아져야 합니다. 그러니까 예수 믿는 사람은 절대 우울증에 걸리면 안 됩니다.

옛날에 오셨던 예수님은 과거, 지금도 함께 하시는 어린양 예수님은 현재, 장차 구름 타고 오실 예수님은 우리 미래입니다. 우리도 예수님과 더불어 제사장이 되어 영원히 산다는 믿음과 확신을 가지고 살아야 합니다.

여섯 번째 복 있는 자가 22장 7절 말씀입니다.

> 보라 내가 속히 오리니 이 두루마리의 예언의 말씀을 지키는 자는 **복이 있으리라** 하더라

요한계시록 1장 3절에 말씀을 듣는 자와 지키는 자가 복이 있다고 했는데 그 말씀을 마지막 장에 다시 되풀이합니다. 여러분 말씀을 붙들고 지키며 살다가 어린양 혼인 잔치에 참 멋지게 입성할 수 있게 되기를 바랍니다.

끝으로 일곱 번째가 22장 14절 말씀입니다.

> 자기 두루마기를 빠는 자들은 **복이 있으니** 이는 그들이 생명 나무에 나아가며 문들을 통하여 성에 들어갈 권세를 받으려 함이로다

이 세상에서 잘못한 것, 상처받은 것, 때 묻은 것을 다 예수님의 피

에 세탁하는 겁니다. 그런 사람은 새 하늘과 새 땅, 새 예루살렘 성에 들어가는 자격을 받습니다. 생각만 해도 기분이 좋지 않습니까?

요한계시록 21장 1절에 "또 내가 새 하늘과 새 땅을 보니 처음 하늘과 처음 땅이 없어졌고 바다도 다시 있지 않더라 또 내가 보매 거룩한 성 새 예루살렘이 하나님께로부터 하늘에서 내려오니 그 준비한 것이 신부가 남편을 위하여 단장한 것 같더라"라고 거룩한 성 새 예루살렘을 소개합니다.

성경의 맨 마지막 구절 요한계시록 22장 20절입니다. 21절은 인사니까 인사 빼고 20절이 마지막 구절이지요.

이것들을 증언하신 이가 이르시되 내가 진실로 속히 오리라 하시거늘 아멘 주 예수여 오시옵소서(요한계시록 22장 20절)

마라나타! 아멘 주 예수여 어서 오시옵소서.

성경 첫 구절, 창세기 1장 1절 "태초에 하나님이 천지를 창조하시니라"에서 시작해서 요한계시록 22장 마지막 20절의 "아멘 주 예수여 어서 오시옵소서"로 끝이 납니다. 창조에서 시작해서 재림으로 끝나는 것입니다. 재림을 기다리는 신앙을 마라나타 신앙이라고 합니다. 이 말씀이 우리 심령 속에 살아 역사하기를 바랍니다.

창세기에서 요한계시록까지 우리 머리속에, 심령 속에 품고 살아야 합니다. 이번에 신약성경개요를 통해 신약을 살폈습니다. 두레수도원 예배를 통해 창세기부터 자세히 살피면서 말씀에 은혜받고 있습니다. 지금 창세기를 마치고 출애굽기를 살피고 있습니다.

기회가 되면 구약성경개요를 살피고, 이어서 창세기에서 계시록까지 자세하게 말씀드릴 수 있게 되길 바랍니다.

김진홍 칼럼

KIM JINHONG COLUMN

2025년 5월 23일 초판 발행

지 은 이 김진홍
발 행 인 방경석
편 집 장 방지예
디 자 인 방지예
교   정 이규헌
교   정 임미경
제   작 SD SOFT
등   록 제 301-2009-172호(2009.9.11)
주   소 경기도 동두천시 정장로 43
전   화 010-3009-5738
발 행 처 미문커뮤니케이션

Printed in Korea
ISBN 979-11-992807-0-0 03230

가   격 20,000원